2025

혼공TV 초단기 합격 시리즈

합계 조회수 250만 돌파!

(한식조리기능사 컨텐츠 합계 2024.7월 기준)

한식조리기능사

필기

무료강의 제공
유튜브 바로가기

초단기 CBT
모의고사 5회분

핵심이론 &기출문제

파이팅혼공TV 컨텐츠 개발팀 편저

2025 한식조리기능사 필기 초단기 CBT 핵심이론&기출문제

발행일 2024년 7월 30일

발행처 지식오름

발행인 조순자

편저자 파이팅혼공TV 컨텐츠 개발팀

디자인 김미선

정가 19,000원   **ISBN** 979-11-93686-54-6

파이팅혼공TV와 함께
『합격의 지름길을 찾아갑시다!』

〈파이팅혼공TV〉는 한식조리기능사, 양식조리기능사, 일식조리기능사, 중식조리기능사, 복어조리기능사, 제과제빵기능사 등 기능사 상시시험을 비롯하여 굴착기운전기능사, 지게차운전기능사, 전기기능사, 조경기능사, 산림기능사 등 기능사 정기시험 종목들과 화물운송, 택시, 버스운송자격시험, 보트조종면허, 드론 조종면허에 이르기까지 다양한 자격증의 초단기 합격을 위한 몰입형 학습 콘텐츠 영상 제작에 집중하고 있습니다.

이론적 전문성보다는 실기 기능에 중점을 둔 자격증의 경우 필기시험 준비를 위해 많은 시간과 돈을 들이는 것은 비효율적입니다. 하지만 이 정도쯤이야 하고 교재를 펼쳤다가 생각보다 전문적인 용어와 내용들에 깜짝 놀라시는 경우가 많습니다.

예전 기출문제에서 순환 출제되는 문제은행식 출제 유형의 시험에서는 이론을 순서대로 이해하며 공부해가는 연구자 모드 공부법보다 핵심내용을 암기팁을 활용하여 정답을 빠르게 찾아내는 쪽집게식 공부법이 효과적입니다. 파이팅혼공TV는 방대한 분량의 기출문제 데이터를 분석하여 출제가 예상되는 핵심내용만 엄선하여 재미있고 효과적인 공부가 될 수 있도록 끊임없이 연구하고 있습니다.

"선생님, 독해가 잘 안돼요." 하고 고민하는 학생에게 독해 지문에 나오는 영어 단어를 물어보면 전혀 단어 암기가 되어있지 않은 경우가 대부분입니다. 독해가 되지 않는다면 일단 단어의 뜻부터 암기해야 하듯이 생소한 분야는 일단 용어의 뜻부터 암기해야 문제가 풀린다는 당연한 사실을 상기해 보면서 여러분을 초단기 합격의 길로 안내하겠습니다.

끝으로 본 교재가 나오기까지 애써주신 김미선 디자이너님과 홍현애 과장님, 그리고 인성재단 대표님께 진심으로 감사를 전합니다.

파이팅혼공TV 컨텐츠 개발팀

파이팅혼공TV

한식 조리기능사 CBT 필기

기출 문제집

SMILE
이론정리
+
실전
모의고사
5회분
+
스피드
암기노트

파이팅혼공TV의
[스마일 전략]으로 효율적으로 공부하고
웃으며 시험장을 나오세요!

❀ 스마일 전략 **SMILE** Strategy ❀

파이팅혼공TV PD혼공쌤의 초단기 합격 전략

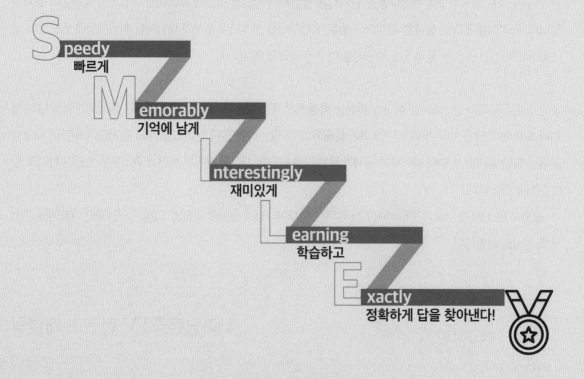

Speedy
빠르게

Memorably
기억에 남게

Interestingly
재미있게

Learning
학습하고

Exactly
정확하게 답을 찾아낸다!

Speedy __ 빠르게
이론 정리 한 문장이 한 문제다!

철저히 기출되었던 문제 중심으로 집필하여 교재의 한 문장 한 문장이 한 문제와 직결되도록 핵심내용만 요약 정리하였습니다. 굵은 글씨와 색으로 강조된 키워드만 빠르게 여러 번 반복해서 읽어 보시는 방법도 추천드립니다. 또한 유튜브 스피드 강의와 함께 공부하신다면 공부시간을 더욱 절약하고 효율적으로 합격할 수 있습니다.

Memorably __ 기억에 남게
답을 알아도 암기가 어렵다면?

유튜브 영상을 통해 몇 번 만 들으면 저절로 암기되는 마성(?)의 암기팁이 대량 녹아있는 강의들로 **배경지식이 전혀 없는** 일반인도 초단기 합격이 가능합니다.

Interestingly __ 재미있게

다소 유치하지만 **쉽고 재미있는 암기법**으로 지루하지 않고 기억에 남는 공부로 이끕니다.

Learning __ 학습하고
혼자서 책만 보지 마세요.

유튜브 채널 〈파이팅혼공TV〉의 한식조리기능사 영상들을 교재와 같이 보시면 공부 속도가 훨씬 빨라집니다. 하루에 4시간 정도만 투자하시더라도 영상과 함께 공부하신다면 본 교재를 처음부터 끝까지 1회독하시는 효과가 있습니다. 넉넉잡아 **3일 동안 4시간씩 투자**하셔서 **3회독** 정도 해내신다면, 100% 합격 점수 이상 획득하시리라 확신합니다.

Exactly __ 정확하게 답을 찾아낸다!
왜 문답 암기가 중요한가?

한식 조리기능사 시험은 응용력을 테스트하는 시험이 아닌 과년도 기출문제에서 그대로 출제되는 문제은행식 출제방식으로 〈문제와 답〉 암기만으로도 고득점이 가능합니다.

우리의 뇌는 문제를 풀 때 내가 찍은 보기가 정답이 되어야 하는 로직(logic)을 만들어 머릿속에 각인시킵니다. 그래서 모르는 문제에 많은 시간을 할애하여 나만의 로직을 만들어 풀었는데 아쉽게도 틀리게 되면, 틀린 문제를 계속 반복해서 틀리게 되는 경우가 대부분입니다. 이 경우 오답노트를 만들거나 정답지문의 반복암기를 통해 머릿속에 남아 있는 잘못된 로직의 틀을 깨부수지 않고는 그러한 선입견을 쉽게 고치기가 힘듭니다.

따라서 처음부터 무작정 문제를 풀어보는 것보다는 **문제와 답을 연결시켜 정답과 오답을 분리**하여 이해하고 암기하는 방법이야말로 한식조리기능사 시험과 같은 문제의 풀(pool)이 제한되어 있는 문제은행식 시험에 적합한 초단기 합격의 비결입니다.

⊛ 응사자 현황 및 합격율

한식조리기능사 필기는 한 해 약 7만명 정도가 필기시험에 응시하여 3만명 정도 합격하는 시험으로 결코 만만하게 보아서는 안되는 국가자격시험입니다. (경쟁률 약 2.28 : 1)

연도	필기			실기		
	응시	합격	합격률(%)	응시	합격	합격률(%)
2021	88,691	39,800	44.9	65,302	22,520	34.5
2022	68,845	30,139	43.7	52,460	18,781	35.8
2023	67,640	28,597	42.3	47,515	17,493	36.8

⊛ 한식조리기능사 필기 출제 기준

[적용기간 : 2023년 1월 1일 ~ 2025년 12월 31일]

1. 음식 위생관리

개인 위생, 식품 위생, 작업장 위생, 식중독 관리, 식품위생 관계 법규, 공중 보건

2. 음식 안전관리

개인 안전, 장비 및 도구 안전 작업, 작업환경 안전 관리

3. 음식 재료관리

식품 재료의 성분, 효소, 식품과 영양

4. 음식 구매관리

시장조사 및 구매관리, 검수관리, 원가

5. 한식 기초 조리실무

조리 준비, 식품의 조리원리, 한국 식생활 문화

6. 한식 조리 실무

밥, 죽, 국, 탕, 찌개, 전, 적, 생채, 회, 조림, 초, 구이, 숙채, 복음, 김치조리

목차

I. 읽기만 해도 정답이 보이는 SMILE 이론 정리

II. 최신 CBT 복원 실전모의고사 5회분

III. 기출 스피드 암기노트

I

읽기만 해도 정답이 보이는
SMILE 이론 정리

한식의 영양

한식의 영양 파트는 식품 구성의 기본이 되는 영양성분과 효소작용을 익히는 파트로
내용이 전문적이지만 단답형 용어 암기로 모두 맞출 수 있는 평이한 파트입니다.
출제 비중이 20%정도로 시험의 당락을 좌우할 만큼 중요한 파트이기도 합니다.
식품영양 성분 및 각 효소의 작용과 관련된 기출 내용들은 암기법을 활용하여
반드시 모두 암기하고 넘어갈 수 있도록 합니다.

1. 영양소

- ◆ 3대 영양소 : **탄**수화물, **단**백질, **지**방 (탄단지)
- ◆ 5대 영양소 : **탄**수화물, **단**백질, **지**방, **무**기질, **비**타민 −탄단지무비 ★★★
- ◆ 사람의 생명유지에 꼭 필요한 것 : 5대 영양소 + 수분 (Tip! 탄단지무비+수분)
- ◆ 탄수화물 단백질 지방은 각각 4kcal, 4kcal, 9kcal 의 열량을 낸다. (Tip! 탄단지는 449 ★★★)

1) 기출 용어 정리

- 영양소는 식품의 성분으로 생명현상과 건강을 유지하는데 필요한 요소이다.
- 건강이라 함은 신체적, 정신적, 사회적으로 건전한 상태를 말한다.
- 물은 체조직을 구성하는 요소로 보통 성인 체중의 2/3를 차지한다.
- 열량소란 체내에서 산화 연소하여 신체활동의 에너지원으로 쓰이는 영양소로 탄수화물, 지방, 단백질
  이 해당된다.
- 조절소란 체내에서 생체조절 기능을 담당하는 영양소로 무기질, 비타민, 물이 해당된다.

2) 일일 영양섭취량 [성인기준]

- ◆ 탄수화물 55~70%
- ◆ 지방 15~30%
- ◆ 단백질 7~20%

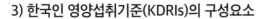

3) 한국인 영양섭취기준(KDRIs)의 구성요소

- 평균필요량 (Estimated Average Requirements : EAR)

  건강한 사람들의 일일 영양필요량의 중앙값

- 권장섭취량 (Recommended Intake : RI)

  평균필요량에 표준편차의 2배를 더하여 정한 값

- 충분섭취량 (Adequate Intake : AI)

  평균필요량 정보 부족 시, 건강인의 영양섭취량을 토대로 설정한 값

- 상한섭취량 (Tolerable Upper Intake Level : UL)

  인체 건강에 유해영향이 나타나지 않는 최대 영양소 섭취수준

4) 영양소별 식품군과 식단에 대한 이해

- 탄수화물 : 쌀, 밀가루, 감자, 고구마 곡류 및 서류
- 단백질 : 육류, 생선, 달걀, 콩류
- 지방 : 유지류, 당류
- 무기질, 비타민 : 채소, 과일류
- 칼슘 : 우유, 치즈, 멸치 등

보리밥, 시금치 된장국, 달걀부침, 콩나물 무침, 배추김치	판단	탄수화물, 단백질, 지방, 비타민 등은 충분하나 칼슘이 부족한 식단 구성이다.
완두콩밥, 된장국, 장조림, 명란알 찜, 두부조림, 생선구이	⇨	대체로 단백질군에 편중되어 있다.

2. 각 영양성분

1) 탄수화물

- ◆ 구성원소 : 탄소C 수소H 산소O (Tip! 탄수화물은 탄수산물)

- ◆ 종류 : 단당류, 이당류, 다당류

  - 단당류(5탄당과 6탄당) : 탄수화물을 구성하는 가장 작은 단위

리보오스RNA

디옥시리보스DNA

프락토오스(과당)
가장 달다

글루코스
(포도당)

갈락토오스

[5탄당]   [6탄당]

아라비노오스(arabinose), 자일로오스(xylose)도 5탄당이다.

- 이당류 : 2개의 단당류가 글리코사이딕 결합을 한 것

  · 말토오스(맥아당) = 포도당 + 포도당

  · 수크로스(설탕) = 포도당 + 과당

  · 락토오스(유당) = 포도당 + 갈락토오스

- 올리고당(3당, 4당류)

- 다당류 : 10개~수천개의 단당류의 중합체, 복합당질이라고도 한다.

  · 전분 : 아밀로오스+아밀로펙틴으로 이루어져 있다. 찬물에 쉽게 녹지 않는다. 달지는 않으나 온화한
  맛을 준다. 가열하면 팽윤되어 점성을 갖는다. 전분은 동물이 아니라 식물 체내에 저장되는 탄
  수화물로 열량을 공급한다.

  · 글리코겐 : 간과 근육에 저장되는 다당류로 불용성 과립형태로 존재한다.

  · 식이섬유 : 펙틴(수용성), 글루코만난(곤약, 수용성), 셀룰로오스(불용성), 리그닌(불용성)

◆ 당류의 감미도 순서

  과당(175) > 전화당(130) > 설탕(자당)(100) > 포도당(75) > 맥아당(32)

                                 > 갈락토오스(32) > 유당(16)

자주 출제되는 Key Points

- **탄수화물** 대사작용을 위해 **비타민 B1(티아민) 섭취가 반드시 필요**하다.
- 포도당(=글루코스)은 동물의 혈액의 0.1% 정도를 구성하고 있다.
- **퐁당**(fondant)은 당류 가공품 중 **결정형 캔디**이다.
- **당질(탄수화물)은 1g당 4kcal**를 공급하며 혈당을 유지하고 단백질 절약작용을 한다.
- 당질의 섭취가 부족하면 체내 대사 조절에 큰 영향을 끼친다.
- 펙틴은 영양소를 공급할 수는 없지만 식이섬유소로 인체에 중요한 역할을 한다.
- **게, 가재, 새우 등의 껍질**에 다량 함유된 키틴(chitin)은 **다당류**이다.
- 칼슘과 단백질의 흡수를 돕고 정장 효과가 있는 당은 **유당**이다.

---

2) 단백질

◆ 구성원소 : 탄소C 수소H 산소O + 질소N + 황S (Tip! 단백질은 탄산수질황)

                육류, 생선, 알류 및 콩류에 함유된 주된 영양소

◆ 기본단위 : 아미노산(amino acid)

                단백질의 기본 구성 단위로, 단백질을 가수분해하면 암모니아와 함께 생성된다.

                산성과 염기성을 모두 가진 공산염기성으로 용매와 pH에 따라 용해도가 달라진다.

◆ 종류 : 단순 단백질, 복합 단백질, 유도 단백질

◆ 필수 아미노산의 종류

트립토판, 메티오닌, 발린, 리신, 루신, 이소루신, 트레오닌, 페닐알라닌

◆ 완전단백질(Complete protein)이란?

정상적인 성장을 돕는 필수 아미노산이 충분히 함유된 단백질

◆ 마이야르 반응 [=아미노카르보닐화 반응]

당류(탄수화물)와 아미노산(단백질) 사이에 일어나는 화학반응으로 멜라노이딘 색소가 형성되어 식품이 갈색화 되고 독특한 풍미가 형성되는 현상이다. 수분, 온도, 당의 종류에 의해 영향을 받는다. [마이야르는 효소에 의한 작용이 아님에 주의!]

◆ 간장과 된장의 착색은 식품에 아미노기와 카르보닐기가 공존하는 경우에 일어나는 마이야르 반응 즉, 아미노카르보닐화 반응의 예이다. 이는 1912년 프랑스인 마이야르에 의해 규명되었다.

◆ 캐러멜화 반응

당류반응, 조리 중 당류를 160~180℃로 가열 시 일어나는 산화 반응에 의한 현상으로, 고소한 풍미와 진한 색을 만들어 낸다.

자주 출제되는 Key Points

- 카제인(casein)은 인단백질에 속한다.
- 단백질 변성 시에는 용해도가 감소하고, 점도가 증가하며, 폴리펩티드 사슬이 풀어지며, 소화효소의 작용을 받기가 쉬워진다.
- 황함유 아미노산 : 시스틴, 시스테인, 메티오닌 [Tip! 황함유 – 시시메]
- 치즈 제조에 사용되는 레닌(rennin)은 우유단백질을 응고시킨다.
- 족편은 동물성 유도단백질인 젤라틴으로 젤을 형성한다.
- 글로불린은 밀가루를 구성하는 수용성 단순단백질로 제품의 가공에는 큰 영향을 미치지 않는다.
- 효소의 주된 구성 성분은 단백질이다.

3) 지방(지질 脂質 : Lipid)

◆ 구성원소 : 탄소C 수소H 산소O (Tip! 지방은 탄산수)

◆ 지질의 종류

· 단순지질(중성지방) : 지방산과 글리세롤(지방, 왁스)

· 복합지질 : 지방산과 알코올에 다른 화학물이 결합된 지질

· 유도지질 : 단순지질, 복합지질의 가수분해로 얻어지는 지용성 물질(지방산 - 유도지질)

◆ 지방산(Fatty Acids)

지방산은 카르복실기와 탄화수소 사슬로 구성되어 있고 포화 지방산과 불포화 지방산으로 나누어진다.

· 불포화 지방산 : 탄소 간에 이중결합이 있는 지방산으로 리놀레산(Linoleic Acid: R18:2 오메가6 지방
　　　　　　　　산)과 알파 리놀렌산(Alpha-Linolenic Acid: R18:3 오메가3 지방산) 두 종류가 있다.

· 포화 지방산 : 탄소 간에 이중결합이 없는 지방산으로 탄소 원자에 수소 원자가 더 이상 결합할 수 없
　　　　　　　기 때문에 포화 지방산이라 한다. 포화 지방산은 동물성 기름에만 있는 게 아니라 팜유,
　　　　　　　코코넛유 등 식물성 기름 중에도 들어 있다.

· 필수 지방산 : 신체를 구성하는 데 필요하나 체내에서 합성되지 않는 지방산을 말하며, 리놀레산, 리
　　　　　　　놀렌산 등 주로 불포화 지방산을 말한다.

◆ 지방의 경화 : 불포화 지방산에 수소를 첨가하여 경화시키는 것을 말한다.

마가린, 쇼트닝(경화유) 제조원리 : 불포화 지방산에 수소(H_2)를 첨가 후 니켈(Ni)과 백금(Pt)을 촉매제로
액체유를 고체유로 만든다.

◆ 건성유와 반건성유, 불건성유 (요오드가는 불포화도를 나타냄)

· 건성유 : 들기름, 아마인유 등 요오드가 130 이상으로 고도의 불포화 지방산 함량이 많은 기름

· 반건성유 : 참기름, 채종유, 면실유, 미강유, 옥수수유 등 (요오드가 100~130)

· 불건성유 : 땅콩유, 올리브유, 피마자유, 야자유, 동백유 등 (요오드가 100 이하)

· 지방산의 불포화도에 의해 요오드가, 융점 등의 수치가 달라지는데 불포화도가 높을수록 요오드가는
높고 융점이 낮다.

4) 무기질

무기질 성분은 인체의 약 4%를 구성하지만 체내 합성이 불가능하므로 반드시 음식물 섭취하게 된다.

◆ 주요 무기질 성분

- 칼슘(Ca)

  · 칼슘은 골격과 치아를 구성하며 혈액응고 작용 및 신경의 전달 작용을 한다.

  · 우유와 건멸치에는 양질의 칼슘이 다량 함유되어 있다.

  · 옥살산은 칼슘의 흡수를 방해한다.

- 인(P) : 신체를 구성하는 전체 무기질의 1/4 정도를 차지하며 골격과 치아 조직을 구성한다.

- 철(Fe) : 헤모글로빈의 구성 성분으로 신체의 각 조직에 산소를 운반하는 기능을 한다.

- 요오드(I) : 결핍 시 갑상선종이 발생할 수 있다.

◆ 식품의 산성과 알칼리성

- 흔히 신맛이 나는 식품을 산성 식품이라고 아는 사람이 많지만 실제로 신맛이 나는 과일, 채소, 해조류의 대부분은 알칼리성 식품이다. 식품에 있어서 산성, 알칼리성의 구분은 맛이 아니라, 식품을 태워서 남는 재의 성분 즉 무기질에 의해 결정된다.

- 산성 식품 : 음식을 섭취 후 연소되고 남은 성분으로 주로 인(P), 황(S), 염소(Cl) 등이 많은 식품이 해당한다. 대표적인 산성 식품으로는 대부분의 곡류, 육류, 어류와 달걀 노른자, 치즈, 버터, 튀김, 가다랭이포, 말린 오징어, 굴, 조개, 전복, 새우, 김, 땅콩, 완두콩, 된장, 간장, 아스파라거스 등이다.

- 알칼리 식품 : 주로 철(Fe), 마그네슘(Mg), 구리(Cu), 망간(Mn), 칼슘(Ca), 칼륨(K), 나트륨(Na) 등의 무기질을 함유하고 있는 식품이다. 달걀 흰자, 우유, 미역, 다시마 등 해조류와 대부분의 과일과 채소 등이다.

5) 비타민

◆ 지용성 비타민 : 비타민 A, D, E, K

- 비타민 A : 레티놀이라고도 한다.

  전구물질은 당근, 호박, 고구마, 시금치에 많이 들어 있는 카로틴이다.

  결핍 시 안구건조증, 야맹증이 나타난다.

- 비타민 D : 햇볕에 노출하여 자외선을 쪼이게 되면 피부에서 합성된다.

  전구물질은 프로비타민 D로 불리는 에르고스테롤(ergosterol)이다.

  결핍되면 골연화증, 유아발육 부족이 나타난다.

- 비타민 E : 생식기능 유지와 노화방지의 효과가 있고 화학명은 토코페롤(tocopherol)이다.

  비타민 E 결핍 시 불임과 근육 위축증 등이 나타난다.

- 비타민 K : 혈액응고 작용을 하기 때문에 결핍 시 출혈 및 지혈장애가 나타난다.

◆ 수용성 비타민 : 비타민 B군과 비타민 C

• 비타민 B1 : 티아민이라고도 한다.

· 쌀에서 섭취한 전분이 체내에서 에너지를 발생하기 위해 꼭 필요하다.

· 마늘의 매운맛 성분인 알리신은 비타민 B의 흡수를 도와준다.

• 비타민 B2 : 리보플라빈이라고도 한다.

· 체내 유해한 활성 산소를 제어하는 항산화제 역할을 한다.

· 결핍 시 구각염이 발생한다.

• 비타민 C : 가열조리에 의해 가장 파괴되기 쉬운 비타민이다.

◆ 비타민 결핍증

비타민 A	야맹증	비타민 D	구루병
비타민 B	각기증, 피로	비타민 E	불임, 유산
비타민 C	괴혈병	비타민 K	혈액 응고 장애

6) 수분

◆ 유리수(자유수)와 결합수

• 유리수(자유수)란?

자유수는 미생물 번식과 성장에 이용되는 일반적인 물로 생각하면 된다.

• 결합수란?

결합수는 보통 식품 내부에서 단백질 분자표면과 강하게 결합되어 있어 일반적인 방법으로 분리하기 쉽지 않고 미생물의 번식 등에도 이용될 수 없다.

유리수(자유수)	결합수
밀도가 작다.	밀도가 크다.
식품을 압착 시 쉽게 분리 제거된다.	식품을 압착해도 쉽게 분리 제거되지 않는다.
용매로 작용한다.	용매로 작용하지 않는다.
미생물의 번식 등에 이용된다.	미생물 번식에 이용되지 못한다.
대기 중에서 100℃로 가열하면 수증기가 되고 0℃ 이하에서 언다.(4℃에서 비중이 가장 크다)	쉽게 얼거나 증발하지 않는다.
표면 장력과 점성이 크다.	표면 장력과 점성이 작다.

◆ 식품의 수분활성도란?

수분활성도 [Aw] = (식품의 수증기압)/(순수 물의 수증기압)

- 임의의 온도에서 순수한 물의 수증기압에 대한 식품이 나타내는 수증기압의 비율
- 수분활성의 값이 작을수록 미생물의 이용이 쉽지 않다.
- 일반적으로 식품의 수분활성도는 물의 수분활성도인 1보다 작다.
  예 어패류의 수분활성도는 0.98~0.99 정도이다.
- 수분활성도의 계산 기출
  Q. 식품의 수증기압이 0.75기압이고, 그 온도에서 순수한 물의 수증기압이 1.5기압일 때 식품의 수분활성도(Aw)를 구하시오.

$$수분활성도 [Aw] = \frac{식품의\ 수증기압}{순수\ 물의\ 수증기압} = \frac{0.75}{1.5} = \frac{1}{2} = 0.5$$ 정답: 0.5

3. 효소 작용

1) 효소란?

효소는 생명체에서 화학반응을 일으키는 데 작용하는 촉매를 뜻한다. 특정한 기질과만 결합하는 기질 특이성이 있으며, 활성화 최적온도는 30~40℃로 100℃ 이상에서는 활성이 떨어지거나 사라진다. 또한 pH에 따라 최적으로 활성화 정도가 결정되는데 이는 효소마다 다르게 나타난다.

2) 우리 몸의 각 소화기관에서 분비되는 효소 작용

기관	효소		역할
입안	아밀라아제	[탄수화물 분해효소]	전분 → 맥아당
	말타아제	[탄수화물 분해효소]	맥아당 → 포도당
위	펩신	[단백질 분해효소]	단백질 → 펩톤
	리파아제	[지방 분해효소]	지방 → 지방산 + 글리세롤
신장	레닌	[단백질 분해효소]	우유의 카제인 → 응고작용
췌장	아밀라아제	[탄수화물 분해효소]	전분 → 맥아당
	트립신	[단백질 분해효소]	단백질, 펩톤 → 아미노산
	스테압신	[지방 분해효소]	지방 → 지방산 + 글리세롤
소장 대장	말타아제	[탄수화물 분해효소]	맥아당 → 포도당 + 포도당 [말포포, 맥포포]
	수크라아제	[탄수화물 분해효소]	자당 → 포도당 + 과당 [수포과, 자포과]
	락타아제	[탄수화물 분해효소]	유당(젖당) → 포도당 + 갈락토오스 [락포갈, 유포갈]
	리파아제	[지방 분해효소]	지방 → 지방산 + 글리세롤 [리찌글, 찌찌글]

◆ 담즙의 기능

산의 중화작용, 유화작용, 약물 및 독소 등의 배설작용 (기출 당질의 소화×)

3) 효소 작용에 따른 갈변 방지법

식품을 조리하거나 저장 또는 가공할 때 폴리페놀옥시다아제(사과), 티로시나아제(감자) 등의 갈변을 일으키는 효소에 의해 껍질을 벗긴 채소류 및 과일류, 감자 등의 색이 갈색으로 변한다.

아래 방법을 통해 갈변을 방지할 수 있다.

① pH농도를 산성인 3이하로 낮추어 효소작용을 억제한다.

② 가열하여 효소를 불활성화 시킨다.

③ 아황산가스처리를 한다.

④ 설탕(당)이나 소금(염)을 첨가한다.

(기출 산화제를 첨가한다.×)

4) 그 밖에 갈변 방지법

• 공기중의 산소와 접촉하지 않도록 밀폐하고 용기에 이산화탄소나 질소를 주입한다.

• 온도를 -10℃ 이하로 급격히 낮추거나, 구리, 철 등 금속으로 된 용기 사용을 피하는 것이 좋다.

• 귤의 경우 갈변 현상이 심하게 나타나지 않는데 이는 비타민 C의 함량이 높기 때문이다.

• 사과, 배 등 신선한 과일의 갈변 현상을 방지하기 위해서는 레몬즙에 담가 두는 것이 좋다.

• 감자는 껍질을 벗겨두면 티로시나아제라는 효소에 의해 갈변하는데 물에 담가 둘 경우 갈변을 방지할 수 있다.

한식의 조리실무

조리실무 파트는 2020년 조리기능사 시험의 전면적인 개편 이후
출제비중이 대폭 높아진 파트입니다. 출제기준의 목차순서와는 달리
이론 공부의 전반부에 배치하여 한식에 대한 전반적인 이해도와 흥미를 높여
마지막까지 집중력을 유지하실 수 있도록 하였습니다.

1. 한식 조리법과 조리시설

1) 조리의 목적

① 소화흡수율을 높여 영양효과를 증진

② 풍미, 외관을 향상시켜 기호성을 증진

③ 세균 등 위해요소로부터 안전성 확비

　　[but 식품자체의 부족한 영양성분을 보충 ×]

2) 다양한 조리법

◆ 비가열 조리

식품자체에 열을 사용하지 않고 생(生)으로 조리하는 방법이다.

📕 회, 생채, 냉국, 쌈, 샐러드(salad)

① 생조리는 영양성분, 특히 수용성 성분의 손실이 적고 식품 고유의 맛을 살릴 수 있다.

② 조리방법이 간단하고 시간 절약이 가능하다.

③ 반면에 위생적으로 처리하지 않으면 농약이나 병원균 오염문제가 발생한다.

④ 세척에 주의하고 최대한 빠른 시간 내에 조리해야 한다.

⑤ 생식품 조리에는 조직과 섬유가 부드러운 식재료가 적합하다.

⑥ 생선회는 먼저 외부를 깨끗이 손질한 다음 조리해야 영양소 파괴와 변색을 막을 수 있다.

◆ 가열조리

말 그대로 식품에 직간접적으로 열을 가하여 조리하는 방법

① 가열이라는 물리적 변화를 통해 식품의 성분 변화라는 화학적 변화를 가져온다.

② 생으로 조리할 때와 비교하여 전혀 다른 맛과 조직감을 느끼게 한다.

③ 가열을 통해 위생 확보와 소화 흡수를 용이하게 하는 장점이 있다.

• 습열조리 : 끓이기, 삶기, 데치기, 찜, 조림 등 물을 사용하여 가열하여 조리하는 방법

　　　　　　(적정 조리온도 - 끓이기(100℃), 찜(85~90℃))

	끓이기	① 온도 100℃의 물에서 재료를 익힘, 조미를 한다. ② 식품의 모양이 유지되지 않고 변형되기 쉽다. ③ 수용성 영양성분 손실이 많다. 예 국, 찌개, 전골 등
습열 조리	삶기	① 조미를 하지 않는다. ② 찬물 혹은 끓는 물에 재료를 넣어 익힌다. ③ 수용성 영양성분 손실이 많다. ④ 두류, 면류, 채소류의 조직감을 부드럽게 한다. 예 편육, 수육, 국수, 단단한 채소 등
	데치기	① 다량의 끓는 물에 재료를 넣어 순간적으로 익혀내는 조리법이다. ② 80~90℃의 물이나 스팀을 이용한다. ③ 1~2% 식염 첨가 시 채소 및 어패류의 색을 고정하고 질감 유지 ④ 조직을 연하게 하고, 미생물 번식 억제, 효소작용 억제 효과 예 시금치, 무청, 토마토 껍질 제거, 오징어, 문어 숙회 등
	찜	① 수증기의 기화열과 잠열을 이용하여 조리하는 방법 ② 식품의 모양을 그대로 유지할 수 있다. ③ 맛 성분이나 수용성 성분의 손실이 적다. ④ 조리시간이 비교적 길다. 예 떡, 찐빵, 갈비찜, 호박찜 등
	조림	먼저 재료에 양념을 넣은 후 센불로 가열하여 끓기 시작하면 낮은 온도로 서서히 조리하는 방법 예 생선조림, 장조림, 콩조림 등

• 건열조리 : 굽기, 볶기, 튀기기, 부치기 등 물을 사용하지 않고 직간접으로 열을 이용하여 조리하는 방법

　　　　　　(적정 조리온도 - 튀기기(160~200℃))

• 전자레인지 조리 : 마이크로파가 음식물에 들어 있는 물 분자를 빠르게 진동시켜 발열하는 작용을 이용

건열조리	굽기	영양소 손실이 가장 적은 건열조리법 예 산적, 석쇠구이, 소금구이, 생선구이 등
	볶기	① 비타민의 손실이 적다. ② 가열 중 조미할 수 있다. ③ 기름 맛이 더해져 부드러운 입맛을 느낄 수 있다. ④ 단시간 조리로 색이 유지된다.
	튀기기	① 기름을 고온(160~200℃)으로 가열한 후 재료를 넣어 익히는 조리법 ② 높은 열량을 제공하고 수용성 영양소 손실을 최소화할 수 있다. ③ 식품재료 중의 수분과 튀김 기름의 교환이 이루어져 풍미를 증가시킨다. ④ 조리 중 조미가 불가하므로 가열 전후에 조미한다.
	부치기	① 넓은 팬에 약간의 기름 두르고 재료를 익혀내는 방법 ② 재료에 따라 재료를 그대로 부치거나 밀가루나 빵가루 등을 입혀 재료의 수분이 빠져나 는 것을 방지한다. 예 육전, 생선전, 호박전, 김치전, 표고전 등

3) 식재료 썰기와 계량

◆ 썰기의 목적

① 재료의 모양과 크기를 정리한다.

② 씹기 편하게 하고 먹지 못하는 부분을 없앨 수 있다.

③ 열의 전달이 쉽고 조미료 침투를 용이하게 한다.

　[but 영양소 함량을 증가시킨다 ×]

◆ 썰기의 방법

• 칼의 종류

한식조리에 쓰이는 칼은 크게 칼날 길이 18cm 정도의 아시아형(low tip : 칼등은 곡선, 칼날은 직선으로 채썰기에 적합)과 칼날 길이 20cm 정도의 서구형(center tip : 칼등과 칼날이 모두 곡선으로 회칼로 적합)이 있으며, 그 밖에 칼날 길이 16cm 정도의 다용도 칼(high tip : 칼등이 직선, 칼날은 곡선으로 포를 뜨는데 적합)은 다양한 작업에 사용된다.

• 칼 가는 법

칼을 갈 때 숫돌은 중간 입자인 1000번을 주로 사용하며, 400번은 입자가 크고 거칠어 두껍고 이가 많이 빠진 칼날을 갈 때 적합하고, 4000~6000번은 숫돌 입자가 고와서 칼 갈기를 마무리하는 용도로 윤기와 광을 내어 갈아줄 때 쓴다. 숫돌은 반드시 칼을 갈기 전 미리 물에 충분히 담가두어 수분을 흡수시킨 후에 사용한다.

◆ 썰기와 관련된 지문

① 모든 칼질의 기본으로 피로도와 소음이 가장 적은 칼질은 **밀어썰기**이다.

② 배우기 쉽고 칼이 잘 들지 않을 시에 이용하는 방법은 **작두썰기**이다.

③ **깍뚝썰기**는 감자나 무 등 단단한 채소를 각변 2cm의 정육면체로 써는 방법이다.

④ **작두썰기**는 두꺼운 재료를 썰기에는 부적합하다.

⑤ 중국에서 즐기는 도박게임 도구인 뼈모양의 골패를 닮은 모양으로, 둥근 재료의 가장자리를 잘라내어 직사각형으로 얇게 써는 것은 **골패썰기**라 한다.

⑥ 재료를 얇게 저며가며 가지런히 모아 길쭉하게 써는 방법은 **채썰기**이다.

⑦ 오징어나 파채를 썰 때는 **당겨썰기**를 한다.

⑧ **칼끝썰기**는 주로 재료를 다질 때 이용한다.

⑨ 생밤이나 삶은 고기를 모양 그대로 얇게 썰 때 또는 마늘이나 생강 등을 다지지 않고 향을 내는 썰기 방법은 **편썰기**이다.

◆ 올바른 계량방법

① 가루 : 체로 쳐서 가만히 수북하게 담아 주걱으로 깎아 측정한다.

　　　　체로 치지 않고 그대로 담거나, 절대로 흔들거나, 꼭꼭 누르지 않는다.

② 액체 : 투명한 계량용기를 사용하여 계량컵으로 눈금과 눈높이를 맞추어 계량한다.

③ 버터, 마가린 : 실온에서 부드럽게 하여 계량컵에 눌러 담은 후 윗면을 직선으로 된 칼로 깎아 계량한다.

④ 된장, 다진 고기 : 계량기구에 눌러 담아 빈 공간 없이 채워준다.

⑤ 저울은 수평으로 놓고 눈금은 정면에서 읽으며 바늘은 0에 고정시킨다.

4) 조리시설

조리작업장은 음식의 운반과 재료 반입, 오물 반출이 용이하도록 동선의 편리성을 고려하여 선정해야 하며, 통풍이 잘 되며 밝고 청결한 곳에 설치해야 한다. but 보온을 위해 지하에 설치한다 ×

◆ 조리장의 3원칙 : 위생 → 능률 → 경제 (Tip! 위능경)

[빈출] 작업장에서의 작업의 흐름 Work Flow

① 식재료 구매 및 검수 → ② 전처리 → ③ 조리 → ④ 장식과 배식 → ⑤ 식기세척과 수납

◆ 조리기구 선정

① 조리기구 선정 시에는 기능과 용도가 다양한 것이 좋다. (기출 단순한 것이 좋다 ×)

② 사용 및 사후관리가 편리하며 위생성, 능률성, 내구성을 갖춰야 한다.

③ 성능, 동력, 크기 및 용량이 기존 설치공간에 적합해야 한다.

④ 전처리 - 탈피기, 싱크대, 절단기

⑤ 세척 - 손소독기, 식기소독기, 식기세척기

◆ 조리장의 바닥

① 잘 미끄러지지 않도록 고무타일, 합성수지 타일 등으로 시공하는 것이 좋다.

② 요철(凹凸)이 많은 경우 걸려 넘어질 우려가 있으므로 시공 시 요철(凹凸)을 피한다.

③ 공사비와 유지비가 저렴해야 한다.

④ 습기와 기름이 스며들지 않고, 산과 알칼리 및 열에 강해야 한다.

⑤ 청소와 배수가 용이하도록 물매는 1/100 정도가 적당하다.

◆ 작업대의 종류별 용도

• 일자형 : 작업동선이 길고 비효율적인 구조이다.

• 병렬형 : 작업대가 마주보도록 배치, 길고 좁은 부엌에 적당하며, 동선이 짧아 효과적이다.

• L 자형 : 동선이 짧고 면적이 좁은 조리장에 적합하다.

• ㄷ 자형 : 양측 벽면을 이용하여 수납공간을 넓게 활용가능, 작업동선이 짧고 넓은 조리공간에 이용한다.

• 아일랜드형 : 환풍기와 후드의 수를 최소화 할 수 있으며, 동선이 단축되고 비교적 자유로운 공간활용이 가능하다.

◆ 집단급식소의 정의

영리를 목적으로 하지 아니하면서 특정 다수인에게 계속하여 음식을 공급하는 급식시설을 말한다. [집단급식소 기준: 1회 50인 이상에게 식사를 제공하는 급식소]

◆ 급식 시설별 1인 1식 물 사용량 [병원급식이 가장 大]

① 일반급식 5~10리터

② 학교급식 4~6리터

③ 병원급식 10~20리터

◆ 단체 급식 조리장 신축 시 고려사항 [Tip! 위능경]

위생 → 능률 → 경제성 순으로 고려한다.

단체 급식 시설 주방면적 산출 시에는 조리인원, 식단, 조리기기의 선택 등을 고려한다.

피급식자의 기호×

자주 출제되는 Key Points

- 자외선 등은 용기류 등의 살균에 효과적이지만 식품 내부의 완전살균에는 적합하지 못하다.
- 지하수 사용 시에는 반드시 수질 검사를 받아야 한다.
- 조리장의 냄새나 증기를 배출시키기 위한 환기시설을 후드라고 한다.
- 조리실의 조명은 50Lux 이상으로 균등하게 유지한다.
- 1Cup의 용량은 13큰술에 해당한다.
- 가장 맛있는 온도의 순서는 전골(95℃) > 국(70℃) > 커피(65℃) > 밥(45℃) 순이다.
- 채소를 데칠 때 뭉그러짐을 방지하기 위해 소금을 1% 첨가한다.
- 무를 무생채로 조리 시 비타민C 파괴를 가장 줄일 수 있다.

2. 재료의 특성과 조리 원리

1) 전분이란?

◆ 전분은 아밀로오스(amylose)와 아밀로펙틴(amylopectin)으로 구성된 중합체 탄수화물(다당류)이다.

- 아밀로펙틴 : 전분을 구성하는 복잡한 곁가지 구조의 다당류로 물에 잘 녹는다.
- 아밀로오스 : 전분을 구성하는 선형구조의 다당류로 물에 잘 녹지 않는다.

◆ 보통 멥쌀은 아밀로오스 20~25%, 아밀로펙틴 75~80% 함유되어 있으나, 찹쌀은 아밀로펙틴이 97~100%로 구성되어 있다. 아밀로펙틴 함량이 많은 찹쌀떡이 멥쌀떡보다 더 늦게 굳는다.

◆ 전분의 호화(α-알파화)

전분에 적당량의 물을 붓고 70~75℃가 되도록 가열하면 전분이 팽윤하고 점성도가 증가하여 반투명의 콜로이드 상태인 알파 전분이 되는데 이러한 현상을 호화라 한다.

호화는 온도가 높을수록, 전분입자가 클수록, pH가 높을수록(알칼리), 물의 양이 많을수록, 수침시간이 길수록, 염류나 알칼리를 첨가할 때 더 잘 일어난다. 하지만, **설탕**이나 **지방**을 첨가하거나 **산을 첨가할** 때는 <u>호화가 억제</u>된다.

(호화의 예) 밥을 지을 때, 메밀가루로 묵을 만들 때, 떡 제조 과정 등

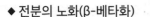

◆ 전분의 노화(β-베타화)

호화된 전분(α-전분)을 실온에서 방치 시 차차 굳어지는 현상을 노화(retrogradation)라 한다. 노화는 아밀로오스의 순간적인 핵 형성에 따른 막대기 모양의 결정성장이 원인으로 아밀로오스 성분의 함량이 많을수록 노화가 빠르다. 노화 예방을 위해서는 냉동온도 또는 60℃ 이상의 온도에 보관하는 것이 좋으나 0~5℃의 냉장온도에서는 노화가 촉진된다. 설탕을 첨가하거나 수분함량이 10% 이하인 경우 노화가 억제된다. 또한 호화된 전분을 80℃ 이상에서 급속 건조하면 노화가 억제된다.

(기출 수소이온이 노화를 저지한다 ×)

(노화의 예) 밥이나 빵을 실온 방치 시 딱딱하게 굳는 현상

◆ 전분의 호정화

전분에 물을 가하지 않고 160~180℃의 온도로 가열하면 가용성 전분을 거쳐 다양한 길이의 덱스트린이 되는데, 이러한 변화를 호정화라고 한다. 호정화 작용 시 색상은 황갈색으로 변하며 점성이 약해지고 단맛이 증가한다. 한번 호정화 된 식품은 노화가 일어나지 않으므로 보존기간이 길다.

(호정화의 예 ★★★) 팝콘, 뻥튀기, 누룽지, 토스트, 미숫가루, 루(roux: 밀가루와 버터를 볶아 만든 소스)

2) 쌀과 보리

- 벼는 영양성분이 저장된 배아와 왕겨, 외피, 배유로 구성되어 있으며, 벼에서 왕겨를 제거하면 현미가 되고 현미에서 다시 외피와 배유를 제거하여 배유만 남긴 것이 백미이다.
- 쌀은 알갱이가 고르고 투명하고 광택이 있으며 앞니로 씹었을 때 강도가 단단한 것, 즉 경도가 높은 것이 좋다.
- 보리는 크게 겉보리와 쌀보리로 나뉘며 맥주 제조에 쓰이는 맥주보리는 겉보리에 속한다. 쌀보리는 밥을 짓거나 식품제조에 쓰이는데 주로 압맥(납작하게 누른 보리)이나 할맥(반으로 가른 보리)으로 가공하여 소화율을 높인다.

3) 밀가루 조리

◆ 밀가루는 밀의 낟알을 분쇄하여 만든 곡물 가루이다. 밀가루 단백질인 글루테닌과 글리아딘이 물과 결합하여 점성과 탄성을 가진 글루텐을 형성하는데 이 글루텐 함량에 따라 강력분(13% 이상), 중력분(10~13%), 박력분(10% 미만)으로 나눌 수 있다.

종류	쫄깃함의 정도	글루텐 함량	용도
강력분	강하다	13% 이상	파스타면, 식빵, 마카로니, 피자도우 등
중력분	중간	10~13%	국수, 만두피, 수제비 등 다목적용
박력분	박하다(약하다)	10% 미만	쿠키, 케익, 파이, 튀김옷 등

◆ 이러한 글루텐의 형성을 방해하기 위해서는 설탕이나 지방을 첨가하며, 소금과 달걀, 물을 첨가하면 글루텐 형성을 촉진시킬 수 있다.

4) 두류 조리

◆ 콩에는 단백질이 40%가량 함유되어 있는데 대부분은 콩 단백질인 **글로불린(글리시닌)**이며, 날콩에는 **안티트립신**이 들어 있어 단백질의 체내 이용을 저해하므로, 익혀 먹을 경우 단백질의 소화와 이용을 높일 수 있다. 또한 콩에 들어 있는 사포닌 성분은 거품을 내며 용혈작용, 해독작용을 한다.

◆ 두부 제조 : 두부는 콩 단백질의 주성분인 글리시닌을 가열한 다음 양전하를 가지는 염화칼슘이나 염화마그네슘 등 염류 또는 산을 넣어 침전, 응고시켜 만든다.

◆ 두부 제조 시 사용되는 단백질 응고제로는 $MgCl_2$(염화마그네슘), $CaCl_2$(염화칼슘), $CaSO_4$(황산칼슘) 등을 사용한다.

5) 채소류 조리

◆ **채소류의 감별법**

① 오이는 굵기가 고르며 만졌을 때 가시가 있고 무거운 느낌이 나는 것이 좋다.
    오이는 꼭지가 마르지 않고 시든 꽃이 붙어 있다거나 색이 선명한 것이 좋다.

② 당근은 일정한 굵기로 통통하고 마디나 뿌리가 없는 것이 좋다.
    당근은 선홍색이 선명하고 표면이 매끈하며 단단한 것이 좋다.

③ 양배추는 속이 꽉 차 무게가 묵직하며 광택이 나고 눌렀을 때 쉽게 들어가는 느낌 없이 단단한 것을 고른다. 꽃대가 올라오거나 노랗게 변한 것은 좋지 않다.

④ 우엉은 껍질이 매끈하고 수염뿌리가 없는 것으로 굵기가 일정한 것이 좋다.

⑤ 가지는 구부러지지 않고 바른 모양이며 가벼운 것이 좋다.

⑥ 고추는 색이 짙고 꼭지가 시들지 않고 탄력이 있는 것이 좋다.

⑦ 무에는 소화를 촉진하는 효소인 디아스타제가 들어있다.

⑧ 동치미무 : 조선무보다 크기가 작고 동그랗게 생긴 것이 좋다.

⑨ 알타리무 : 무 허리가 잘록하고 너무 크지 않은 것이 좋다.

⑩ 조선무 : 단단하고 뿌리부분이 시들지 않고 푸르스름한 것을 고른다.

⑪ 초롱무 : 매운맛이 적고 흠이 없고 싱싱한 것이 좋다.

⑫ 마늘은 양분을 지하에 저장하는 뿌리채소이다.

⑬ 고사리는 뿌리를 궐근이라고 하며, 숙채의 재료 중 두통, 해독, 해열효과가 뛰어나다.

⑭ 쑥갓은 두부, 셀러리, 씀바귀 등과 함께 먹으면 좋지만 표고버섯은 어울리지 않는다.

⑮ 감자는 굵고 상처가 없으며 발아가 되지 않은 것이 좋다.

채소의 색 변화와 관련된 기출 핵심 Key Points

※ 참고 : 플라보노이드는 노란색을 나타내는 식물성 색소의 총칭으로 화황소 또는 비타민P라고도 부르며 플라본(flavone), 플라보놀(flavonol), 플라바논(flavanone), 플라바놀(flavanol), 이소플라본(isoflavone)의 5가지로 구분된다.

※ 카로티노이드(carotenoid) 색소
- 베타카로틴(β-carotene) - 당근, 녹황색 채소
- 라이코펜(lycopene) - 토마토, 수박 (기출 토마토의 붉은색 색소는 카로티노이드 O)
- 푸코크산틴(fucoxanthin) - 다시마, 미역

① 채소의 녹색 색소 성분은 마그네슘(Mg)을 함유한 엽록소(클로로필)이며 소금을 첨가하면 푸른색이 더욱 선명해진다.

② 양송이에 레몬즙을 뿌리면 색이 변하는 것을 산을 이용해 억제시킬 수 있다.

③ 무, 배추 등 흰색 채소는 플라보노이드(안토잔틴) 성분을 다량 가지고 있는데 여기에 식소다(중조: 알칼리)가 닿으면 누렇게 변한다. 따라서 흰색 야채의 경우 흰색을 그대로 유지하려면 약간의 식초를 넣어 삶는 게 좋다.

④ 시금치 등 녹색 채소의 엽록소(클로로필)는 산과 만나면 녹황색을 띤다.

⑤ 자색 양배추, 비트, 당근과 가지에는 수용성인 안토시아닌계 색소가 포함되어 있어 알칼리나 금속과 반응하면 적색이 자색으로 변한다. 따라서 조리할 때 뚜껑을 덮어 조리하고 색 안정을 위해 레몬즙이나 식초를 약간 넣는 것이 좋다.

⑥ 안토시아닌(anthocyanin)은 일반적으로 산성에서 적색, 중성에서 자색, 알칼리에서 청색을 띤다.

⑦ 양파에는 알칼리를 넣으면 노란색으로 된다.

⑧ 녹색 채소의 색소고정에 관계하는 무기질은 구리(Cu)이다.
   (완두콩을 조리할 때 황산구리를 첨가하면 녹색을 그대로 보유할 수 있다.)

⑨ 채소의 색소인 플라본 색소는 알칼리성에서 황색화된다.

⑩ 클로로필은 물에 녹지 않는 지용성 색소이다.

⑪ 오이나 배추의 녹색이 김치를 담갔을 때는 점차 갈색을 띠게 되는데 이것은 클로로필의 변화 때문이다.

⑫ 오이피클 제조 시 오이의 녹색이 녹갈색으로 변하는 이유는 산에 노출 시 갈색으로 변하는 페오피틴(pheophytin)이 생기기 때문이다.

◆ **녹색 채소를 데칠 때 알칼리성인 식소다(중조 : NaHCO3)를 첨가하면?**

- 클로로필의 퇴색을 막아 진한 녹색이 푸르게 고정되지만, 섬유소가 가수분해되어 조직을 연화시켜 채소의 질감을 손상시키고, 비타민B1, B2, C가 파괴되는 단점이 있다.

◆ **양파 썬 것의 강한 향을 없애려면?**

- 식초를 뿌려 효소작용을 억제시킨다.

◆ **카로티노이드**

- 비타민 A의 전구물질로 보통 녹황색 식물의 엽록체에 들어 있는 지용성 색소이다.
- 당근, 호박, 고구마, 시금치에 많이 들어 있는 성분이다.
- 난황의 노란색 성분도 카로티노이드이다.
- 산과 알칼리에 안정적이지만 산화효소, 산소, 햇빛에는 불안정한 성질을 띈다.

6) 육류 조리

◆ **육류 도축 후의 변화**

- 사후경직 : 도축 후 육고기의 글리코겐이 혐기적 상태에서 젖산을 생성하여 pH가 저하되고 근육이 굳어 지는 현상으로, 사후경직 시기에는 보수성이 저하되고 육즙이 많이 유출되지만 저장 숙성 시 자가분해효소인 카텝신(cathepsin)에 의해 점점 연해지고 맛이 좋아지게 된다.
- 육류의 숙성 : 육류는 도축 직후 사후강직으로 조직이 딱딱하고 기호성도 떨어지지만, 분할하여 0℃ ~5℃가량 얼지 않는 온도에서 저장 보관하는 숙성의 과정을 거치게 되면, 단백질 분해 효소의 작용으로 사후강직이 차츰 풀려 조직이 연해지고 보수력이 향상되며 풍미도 좋 아진다.

◆ **육류를 연화하는 방법**

① 단백질 분해효소를 이용하는 방법★★★

파인애플	무화과	파파야	키위	배
브로멜린(btomelin)	피신(ficin)	파파인(papain)	액티니딘(actinidin)	프로테아제(protease)

즙을 뿌린 후 포크로 찔러주고 일정시간 두는 방법으로 가열 온도가 85℃ 이상이 되면 효과가 없고 고 기가 너무 두꺼울 경우 효소의 침투에 어려움이 있다.

② 고기의 결(섬유방향) 반대로 썰거나 칼등으로 두드리기 또는 칼집을 내는 방법

③ 소금(염), 설탕(당), 청주 등을 첨가하는 방법

◆ 소고기 부위별 특징과 용도

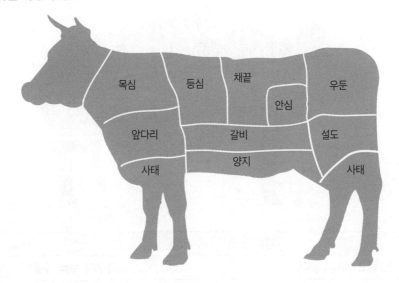

부위	특징	용도
목심	지방이 적고 육질이 단단하지만, 단백질 함량이 높고 씹을수록 고소하고 감칠맛이 난다.	구이, 불고기
앞다리	근육 결합조직으로 육질이 단단하고 지방에 적으며 약간 질긴 편이다.	육회, 탕, 불고기, 장조림, 카레, 짜장
등심	육질이 연하고 지방이 적당히 섞여 있다.	스테이크 등 직화구이, 불고기, 주물럭
갈비	갈비에 붙어있는 살코기로 지방과 근육이 3중으로 겹쳐 있다. 육질이 가장 부드럽고 연하다.	구이, 찜, 탕
양지	소의 복부부위로 지방과 근육조직이 층을 이루어 육질이 질기지만 오래 끓이면 풍부한 맛이 우러난다.	국거리, 육회, 탕, 찜, 차돌박이, 장조림
채끝	등심과 우둔 사이 부드러운 부분	스테이크, 샤브샤브, 불고기
안심	갈비뼈 안쪽 살로 한 마리 당 양이 적으며, 지방이 적고 부드럽다.	스테이크, 불고기, 전골
우둔	뒷다리 부분 중 가장 부드럽고 단백질이 풍부하며 맛이 좋다.	육회, 산적, 장조림, 육포, 불고기
설도	뒷다리 위쪽 엉덩이 부분으로 단백질이 풍부하고 육질이 질긴 편이다.	육회, 산적, 장조림, 육포
사태	근육 조직이 많아 쫄깃하며 질긴 부위	육회, 탕, 찜, 수육, 장조림

★ 소고기의 가장 맛있는 내부 온도는 <u>65℃ 전후</u>이다.

◆ 돼지고기 부위별 특징과 용도

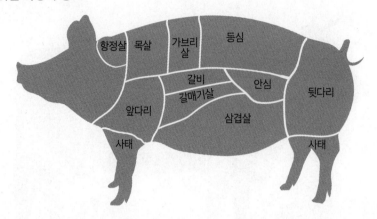

부위	특징	용도
목살	부드럽고 풍미가 좋다.	소금구이, 보쌈, 주물럭
앞다리	육질이 단단하고 지방이 적으며 약간 거칠다. (앞다리, 사태, 항정살)	불고기, 찌개, 수육, 보쌈
등심	육질이 연하고 지방이 적당히 섞여 있다.	스테이크, 돈까스, 잡채, 탕수육, 불고기, 찌개
갈비	갈비에 붙어있는 살코기로 지방이 조금 있어 부드럽고 풍미가 좋다.	구이, 찜
삼겹살	지방이 많은 부위로 지방과 살코기가 번갈아 나타난다. (삼겹살, 갈매기살)	구이, 불고기, 수육, 찌개, 베이컨
뒷다리	육질이 단단하고 지방이 적으며 약간 거칠다. (볼기살, 도가니살, 사태살)	수육, 보쌈, 장조림
안심	허리 안쪽 부드러운 지방과 근막 부위로 육질이 연하다.	장조림, 돈까스, 탕수육

◆ 젤라틴이란?

젤라틴은 동물의 피부, 힘 줄, 인대 또는 뼈에 다량 존재하는 콜라겐(collagen)을 물에 넣고 끓여서(가수분해하여) 얻은 단백질을 말한다. 콜라겐 → 젤라틴(젤라틴 → 콜라겐(×))

◆ 육류를 가열하면 생기는 변화

① 단백질 변성 및 응고

② 글루타민산과 이노신산이 생성되어 풍미가 증가하고 소화가 쉬워진다.

③ 보수력 감소, 수분 증발로 중량과 부피 감소, 수축하며 비타민이 손실된다.

④ 지방이 융해된다. (지방은 수축과 손실을 더디게 하는 역할)

◆ 육류 조리법

① 편육 : 일반적으로 소고기나 돼지고기의 젤라틴이 풍부한 부위를 끓는 물에 삶은 후 틀에 넣고 눌러 식힌 뒤 썰어내는 누름고기를 뜻한다. 끓는 물에 고기를 넣어 삶을 때 고기의 맛 성분이 용출 되지 않도록 해야 한다. 편육에 적합한 부위는 소고기의 경우 양지, 사태 등을 이용하고, 돼지 고기의 경우 돼지머리나 삼겹살을 이용한다.

② 소고기 간장조림 : 장조림에는 주로 아롱사태, 홍두깨살, 안심 등의 부위를 사용하며 삼겹살은 부적합 하다. 조림을 통해 당도를 상승시키고(30Brix) 염절임효과(평균 5%)가 있어 수분 활성도를 저하시키는 역할을 한다. (냉장 보관 시 약 10일이 적당) 고기를 삶을 때 누린내를 제거하려면 파, 양파 등을 넣는다. 오래 보관하기 위해서는 부재를 없이 소고기만 사용하며 냉장 보관 시에는 국물과 건더기를 함께 담는 게 좋다.

③ 탕 : 찬물에 육고기를 넣고 끓여 지미 성분이 충분히 용출되도록 해야 하며, 잡내 제거를 위해 생강, 마늘, 무, 양파 등의 재료를 같이 넣어 끓이거나 소갈비의 경우 불순물 제거를 위해 한 번 끓여 낸 물을 채반에 받쳐 흐르는 물에 헹궈낸다.

◆ 육류의 색소 성분

• 동물성 식품의 대표적인 색소 성분은 철(Fe)을 함유한 미오글로빈(myoglobin)이다.

• 소고기를 가열 시 생성되는 근육색소는 메트미오글로빈(metmyoglobin)이다.

• 신선한 생육의 환원형 미오글로빈이 공기와 접촉하면 분자상의 산소와 결합하여 옥시미오글로빈으로 되는데 이때의 색은 선명한 적색이다.

◆ 육류 감별법

• 돼지고기는 연분홍 빛깔이 돌며 지방이 희고 단단하며, 방향을 띠고 있는 것이 좋다.

• 돼지고기의 색이 검붉은 것일 경우 늙은 돼지에서 생산된 고기일 수 있다.

• 닭고기의 뼈와 관절 부위가 변색된 것은 변질된 것은 아니다. 뼈 속에 있는 피가 급속 냉동 또는 골절 로 인해 뼈 밖으로 나와 뼈를 착색시키는 자연스러운 현상이다.

• 육류가공품인 소시지의 색은 담홍색이며 탄력성이 있는 것이 좋다.

7) 수산물

일반적으로 생선은 산란기 몇 개월 전에 맛이 가장 좋으며 흰살 생선은 주로 깊은 바다에서 서식하며 지방함량이 5% 이하이다. 또한 생선에는 콜라겐과 엘라스틴의 함량이 적어 육질이 육류보다 연하다.

◆ 생선의 신선도 판단 기준

① 손가락으로 눌렀을 때 육질이 단단하고 탄력이 있을 것

② 눈알이 밖으로 돌출되고 눈의 수정체가 투명할 것

③ 아가미색이 선홍색을 띨 것

④ 어체가 특유한 빛깔을 띠는 것

⑤ 비늘이 잘 밀착되어 떨어지지 않고 광택이 있을 것

　　(기출 트리메틸아민이 많이 생성된 것 ×)

◆ 어류의 사후강직과 자기소화

① 붉은살 생선은 흰살 생선보다 사후강직이 빨리 시작된다.

② 사후강직과 함께 자기소화가 일어나면 풍미가 저하된다.

③ 단백질 분해효소의 작용으로 자기소화가 시작되면 이 과정에서 불쾌한 냄새(비린내)가 발생하는데 이는 암모니아, 황화수소, 인돌 등의 물질과 관계가 깊다. (기출 포르말린 ×)

④ 생선 및 육류의 초기부패 판정 시 지표 물질에는 휘발성염기질소, 암모니아, 트리메틸아민 등이 있다.

　　(기출 아크롤레인 ×)

⑤ 담수어(민물고기)의 경우 자체 내 효소의 작용으로 해수어보다 부패속도가 빠르다.

⑥ 보통 사후 1~4시간 동안 가장 단단한 상태가 된다.

⑦ 생선 비린내를 억제하는 방법에는 물로 깨끗이 씻어 수용성 냄새 성분 제거하기, 조리전에 우유에 담가두기, 생선단백질이 응고된 후에 생강을 넣는 방법, 처음부터 뚜껑을 열고 끓이기 등이 있다.

　　(기출 처음부터 뚜껑을 닫고 끓인다. ×)

◆ 수산물의 색소 성분

　• 새우나 게 등 갑각류의 색소 성분 : 아스타잔틴(astaxanthin)

　• 문어나 오징어 먹물의 색소(스파게티 등에 이용) : 멜라닌(melanin)

8) 계란

계란은 난황(노른자 30%: Yolk), 난백(흰자 60%: Albumen)과 난각(껍질 10%: Egg Shell)로 구성되며, 난황의 단백질 성분 비텔린과 난백의 단백질 성분인 알부민은 우리 몸의 세포 생성에 중요한 작용을 한다.

◆ **계란의 기포성과 유화성**

- **기포성** : 계란 흰자의 거품형성에 관여하는 단백질은 글로불린으로 오래된 계란일수록(수양난백), 30℃ 정도의 온도에서 거품이 많이 형성된다. 설탕, 식염, 우유, 지방 등의 첨가는 안정적인 기포형성에 도움을 주지만, 식초나 레몬 등 산성분은 기포성을 떨어뜨리는 요인이 된다.

- **유화성** : 계란의 노른자 속 레시틴은 유화제로 콜레스테롤의 흡수를 방해하고 혈전 용해 작용 등 건강에 좋은 영향을 주며 마요네즈(난황+식초+오일)가 대표적인 계란 노른자를 유화제로 활용한 예이다.

◆ **신선한 계란 고르는 법**

① 난황이 중심에 있고 윤곽이 뚜렷한 것을 고른다.

② 6%의 소금물에 담갔을 때 가라앉는 것이 신선하다.

③ 껍질이 까칠까칠하고 광택이 없고 흔들었을 때 소리가 나지 않는 것을 고른다.

④ 계란을 편평한 곳에 깨뜨렸을 때

> - 난황계수(노른자 높이/지름)가 0.36 이상이면 신선한 것이다. (0.25 이하는 오래된 것)
> - 난백계수(흰자 높이/지름)가 0.15 이상이면 신선한 것이다. (0.1 이하는 오래된 것)

9) 우유

우유는 탄수화물, 단백질, 지방 등 열량을 내는 요소와 칼슘, 인, 비타민 B2, 비타민 A를 비롯하여 비타민 B12, 비타민 D, 마그네슘, 셀레늄 등 다양한 무기질과 비타민이 들어있다.

◆ **우유단백질**

- **카제인** : 인단백질(칼슘과 인의 결합), 우유단백질의 80%를 차지하며, 가열에 의해 응고되지 않는 성질을 가지고 있다. (산 또는 레닌에 의해 응고된다.) 치즈나 요거트를 만들 때 활용되는 우유단백질이 카제인이다.

- **유청단백질** : 우유단백질의 20%를 차지하며, 카제인이 응고 시 남아있는 단백질이다. 열에 의해 응고되며, 산과 레닌에 의해서는 응고되지 않는다. 우유를 65℃ 이상으로 가열 시 피막(락토알부민)을 형성하거나 침전물을 남게 되는데 이를 제거할 시에는 영영소에 손실을 가져오므로 우유를 가열 시 잘 저어주는 것이 좋다.

◆ 우유에는 3~4%의 지방과 4~5%의 탄수화물(유당)을 함유하며 커스터드나 푸딩에서의 단백질 겔(gel) 강도를 높이거나 요리에 부드러운 질감과 풍미를 부여하며, 생선 비린내 등 여러 가지 냄새제거에도 사용된다.

◆ 우유 가공품 : **연유**(우유의 수분을 증발시켜 농축한 것), **크림**(원심분리 시 위로 뜨는 유지방 부분), **분유**(수분을 5% 미만으로 건조시켜 분말화한 것), **버터**(우유의 유지방을 응고시킨 유중수적형 식품), **요거트**(농축 후 설탕을 첨가하여 발효), **사우어크림**(sour cream: 생크림(유크림)을 발효시킨 것), **아이스크림**(유크림에 젤라틴 등 안정제와 지방을 첨가하여 공기를 불어넣어 동결시킨 제품), **치즈**(우유단백질인 카제인을 레닌으로 응고시켜 만든 발효식품)

◆ **우유의 살균처리**

① 저온살균법 : 61~65℃에서 약 **30분간** 가열 살균 후 냉각시킨다.

② 고온단시간살균법 : 70~75℃에서 **15~30초** 가열 살균 후 냉각시킨다.

③ 초고온순간살균법 : 130~140℃에서 **1~2초** 가열 살균 후 냉각시킨다.

◆ **신선한 우유의 특징**

① 물이 담긴 컵 속에 한 방울 떨어뜨렸을 때 구름같이 느리게 퍼져가며 아래로 내려간다.(가라 앉는다.) 상한 우유는 표면장력이 떨어지고 미생물 활동이 활발하여 컵 전체로 빠르게 퍼져 순식간에 부옇게 변한다.

② 가열했을 때 응고되지 않으며, 이물질이 없는 것이 신선한 우유이다.

③ 개봉 후에는 묽고 투명한 백색이 아닌 우유 본연의 백색을 띠어야 한다.

10) 유지류

① 식물성 지방의 종류 : 대두유, 포도씨유, 옥수수유, 참기름, 들기름, 유채유 등

② 동물성 지방의 종류 : 라드(돼지의 지방), 우지(소의 지방), 어유(생선의 지방) 등

③ 경화유 : 불포화 지방산에 수소를 첨가하여 고체로 만든 유지로 마가린, 쇼트닝 등이 있다.

④ 유화 : 기름과 물이 유화제에 의해 잘 섞여 혼합된 상태로 물속에 기름입자가 분산된 형태인 **수중유적형**(O/W: Oil/Water)과 기름 속에 물입자가 분산된 **유중수적형**(W/O: Water/Oil)의 형태가 있다.

• 수중유적형(O/W) : 우유, 아이스크림, 마요네즈 등

• 유중수적형(W/O) : 버터, 쇼트닝, 마가린 등

⑤ 유지 중에 존재하는 유리 수산기(-OH)의 함량을 나타내며 유지의 신선도를 나타내는 지표는 **아세틸가**(Acetyl value)이다.

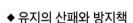

◆ 유지의 산패와 방지책

- 유지는 산소, 광선, 열, 효소, 미생물, 금속, 수분 등에 노출 시 색깔과 냄새, 맛이 변질되는데 이를 산패라고 한다.
- 유지는 불포화도가 높을수록, 수분이 많을수록, 구리, 철, 알루미늄 등 금속과 접촉 시 쉽게 산패된다.
- 유지의 산패를 방지하기 위해서는 공기와의 접촉을 피하고 어둡고 서늘한 곳에 보관해야 하며, 사용한 기름은 재사용, 혼합 사용하면 안 된다. 또한 튀김기름으로는 항산화성과 발연점이 높은 식물성 기름을 사용하는 것이 좋다. (발연점: 대두유 256℃, 포도씨유 250℃, 옥수수유 227℃, 라드유 190℃)
- 참기름이 다른 유지류보다 산패에 안정성이 큰 이유는 세사몰(sesamol) 성분 때문이다.
- 참기름에는 산패를 막는 **리그난**이 함유되어 있으나 들기름에는 없다.

11) 향신료와 조미료 ★★★

① 감칠맛 성분 : 글루타민산(간장, 된장, 다시마), **이노신산(건조 가다랭이, 육류, 멸치)**, 구아닐산(표고버섯, 송이버섯), 타우린(오징어, 문어, 조개)

② 매운맛 성분 : **진저롤(생강), 캡사이신(고추), 시니그린(겨자), 커큐민(강황-카레가루), 차비신(후추), 이소티오시아네이트(무, 겨자), 알리신(마늘)**

③ 아린 맛 : 쓴맛과 떫은 맛의 혼합(고사리, 우엉, 토란, 죽순)

④ 떫은 맛 : 탄닌 성분(덜 익은 과일, 변비 유발)

⑤ 짠맛을 내는 소금에는 재제염, 식탁염, 정제염, 호렴 등이 있으며 소금 중 알갱이가 굵고 불순물이 가장 많으며 배추를 절이거나 젓갈을 담글 때 주로 사용하는 소금은 **호렴**이다.

⑥ 맛의 변조현상 : 쓰거나 신 음식을 맛 본 후 금방 물을 마시면 물이 달게 느껴지는데 이를 맛의 변조현상이라 한다.

⑦ 맛의 대비 : 단팥죽을 만들 때 약간의 소금을 넣었더니 맛이 더 달게 느껴지는 현상

⑧ 식초의 기능

- 생선에 사용하면 생선살이 단단해진다.
- 붉은 비츠(beets)에 사용하면 선명한 적색이 된다.
- 마요네즈를 만들 때 사용하면 유화액을 안정시켜준다.

  (기출) 양파에 사용하면 황색이 된다 × - 흰색이 된다 O)

자주 출제되는 Key Points

- 브로콜리는 주로 꽃 부분을 식용으로 한다.
- 보리의 고유 단백질을 호르데인이라 하며 보리의 싹을 틔워 맥주 제조에 이용하는 것은 맥아이다.
- 당근은 생식보다 기름에 볶는 조리가 좋다.
- 김은 홍조류에 속하며 무기질이 골고루 함유되어 있고, 단백질도 많이 함유되어 있다.
- 잼과 젤리를 만들 때 적정 당분은 60~65%이다.
- 과일 잼 가공 시 펙틴의 역할은 구조 형성이다.
- 어육단백질 용해와 탄력성 증진을 위해 연육제품 제조 시 반드시 소금을 첨가한다.
- 난백(계란 흰자)로 거품을 낼 때 레몬즙 1~2방울은 거품형성을 돕는다.
- 당류는 우유를 응고시키지 못한다. (우유 응고는 가열, 산첨가, 레닌과 관련 있다.)
- 우뭇가사리 점액질을 굳혀서 가공하여 한천을 얻는다.
- 분리된 마요네즈의 재생시킬 때는 새로운 난황에 분리된 것을 조금씩 넣으며 한 방향으로 저어준다.
- 건조된 젓갈 표면의 단맛이 나는 흰 가루 성분은 만니톨이다.
- 토마토 크림수프에서 우유의 응고는 산에 의한 응고이다.
- 아이스크림 제조 시 젤라틴을 안정제로 쓴다.
- 치즈는 우유 단백질인 카제인을 레닌으로 응고시켜 만든다.
- 우유를 데울 때는 이중냄비에 넣고 잘 저으면서 데운다.
- 우유를 고온에서 오랫동안 가열 시 마이야르 반응으로 갈색으로 변화한다.
- 어류는 보통 1~4시간 동안 최고로 단단하게 된다.
- 신선한 생선은 비늘이 잘 붙어있고, 점액질이 없고, 광택이 난다.
- 젤라틴은 마시멜로, 아이스크림, 족편에 사용되고, 양갱에는 한천이 사용된다.
- 소고기 해동 시 드립(drip)은 단백질 변성과 관련이 깊다.
- 식빵에 버터 바를 때 힘을 제거해도 원래 상태로 돌아오지 않는 성질은 가소성이다.
- 유지를 가열 시 엷은 푸른 연기 나기 시작할 때 온도를 발연점이라 한다.
- 발연점이 높은 식물성 기름(대두유, 포도씨유, 옥수수유 등)이 튀김에 적당하다.
- 반조리 식품 해동 시에는 직접 가열하는 급속 해동이 많이 이용된다.
- 라드(lard)는 돼지의 지방을 가공하여 만든 유지이다.
- 튀김 기름에 유리지방산의 함량이 높은 경우, 튀김 그릇의 표면적이 넓은 경우, 기름을 오래 사용하여 지나치게 산패되었거나 기름질이 많은 경우 유지의 발연점이 낮아진다.
- 마가린은 버터의 대용품으로 생산되는 식물성 유지이다.
- 40~45℃ 사이에서 겨자의 매운맛(시니그린)을 가장 강하게 느낄 수 있다.

- 설탕물에 소금을 약간 첨가하면 더 달게 느껴지는 것은 맛의 대비(강화)현상이다.
- 쓴 약을 먹고 물을 마시면 물이 달게 느껴지는 현상은 맛의 변조현상이다.

3. 한식조리 실무

1) 한국 전통음식

◆ 한국 전통음식의 특징

① 주식과 부식이 구분이 뚜렷하다.

② 농경민족으로 곡물음식이 발달

③ 약식동원(藥食同源: 약과 음식은 그 근본이 동일하다) 사상을 중시

④ 일상식과 의례음식의 구분이 있다.

◆ 명절음식 : 절식이라 한다.

　　　　정월대보름에는 오곡밥과 묵은 나물, 부럼을 먹고 편육은 먹지 않는다.

2) 의례음식

- 백일상 : 백설기
- 돌상 : 떡, 쌀, 국수 등
- 폐백상 : 편포 또는 육포, 술, 메, 갱 등
- 제사상 : 전, 해, 나물, 건과, 제주 등

3) 지역별 음식

① 서울 음식 : 음식의 분량은 적으나 가짓수가 많다. 설렁탕이나 곰탕 등 탕반이 유명, 사치스럽고 화려한 음식 발달, 궁중떡볶이, 너비아니, 약식, 설렁탕 등

② 경기도 음식 : 양념을 많이 쓰지 않고 구수하고 걸쭉한 음식, 조랭이떡국, 보쌈김치 등

③ 전라도 음식 : 재료가 다양하고 정성이 많이 들어간 음식, 사치스럽고 간이 센 편, 홍어, 낙지호롱, 전주 비빔밥, 순창고추장 등

④ 충청도 음식 : 호박, 산채나물, 버섯 등을 활용하여 소박한 음식이 특징, 호박찌개, 콩나물밥 등

⑤ 경상도 음식 : 맵고 간이 센 음식, 방아와 산초를 향신료로 활용, 재첩국, 아구찜, 해물파전 등

⑥ 강원도 음식 : 메밀, 감자, 옥수수 등을 이용한 음식, 소박하고 향토적 음식, 감자떡, 오징어순대

⑦ 제주도 : 어류나 해초 등을 활용 소박하고 간단한 것이 특징, **전복죽, 오메기떡** 등

4) 전통 음식 용어와 특징

지짐이	국물이 찌개보다 적고 조림보다 많은 음식	대접	면, 국수 등을 담는 그릇
반상	밥을 주식으로 하여 차린 상차림	조반기	떡, 면, 약식 등을 담는 그릇
족편	소머리나 우족 등을 장시간 고아서 응고시켜 썬 음식	탕기	국을 담는 그릇
초조반상	초~아침(새벽)에 먹는 죽 같은 유동식으로 부담 없는 가벼운 식사	조치	찌개
종지	간장, 초장, 초고추장을 담는 그릇	조치보	찌개를 담는 그릇
주발	남성용 밥그릇	쟁첩	반찬을 담는 그릇
바리	여성용 밥그릇	보시기	김치를 담는 그릇

- 우리나라 3첩 반상 : 냉채, 숙채, 구이
- 미나리초대 : 채소의 줄기 부분만 꼬치에 끼워 밀가루, 달걀을 묻히고 양면을 지져 골패형이나 마름모형으로 잘라 탕이나 신선로에 올리는 고명을 뜻한다.
- 산적 : 익히지 않은 재료를 꼬치에 꿰어서 지지거나 구운 것으로 살코기 편이나 섭산적처럼 다진 고기를 반대기 지어 석쇠에 굽는 것을 포함한다.
- 누름적 : 재료를 꿰어서 굽지 않고 밀가루, 달걀물을 입혀 번철에 지져 익힌 것을 말한다. 화양적, 지짐누름적 등이 있다.
- 소고기 육수 : 토장국, 육개장, 미역국에 사용한다.
- 나물 : 생채나 숙채를 일컫는다. 푸른 잎채소는 파랗게 데쳐 갖은양념으로 무치고, 마른 나물은 불렸다가 삶은 다음 볶아서 사용한다. 잡채나 구절판은 숙채에 포함된다.
- 미나리강회를 할 때는 고기가 익은 것을 확인하는 방법으로 꼬지를 찔러 핏물이 나오는 정도로 판단한다.
- 콩나물의 가장 맛있는 길이는 7~8cm이다.
- 생채는 씹을 때 아삭아삭한 식감을 느낄 수 있고, 자연의 색과 향을 즐길 수 있다. 또한 비타민과 영양소 손실이 적다. 생채 조리 시 미리 고춧가루로 버무려 두면 양념이 잘 베인다.
- 조림을 하면 식감이 부드러워지고 양념이 잘 베어든다.
- 감정 : 고추장으로 조미를 한 찌개(게감정, 호박감정, 생선찌개)
- 굴두부찌개 : 소금이나 새우젓으로 간을 하여 맑게 끓인 찌개이다.
- 생선전 : 생선 표면의 어취(비린내) 생성 물질 해소를 위해 가장 적당한 조리법이다.
- 전을 도톰하고 부드럽게 하기 위해서는 달걀 흰자와 전분을 사용한다.
- 전류 조리는 재료의 제약을 받지 않고 다양하게 접목할 수 있고 영양소 상호보완 작용을 한다.

5) 한식 조리법

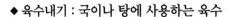
◆ 육수내기 : 국이나 탕에 사용하는 육수

① 사골 육수 만들 때는 골화 진행이 적은 사골을 이용해야 뽀얀 국물을 얻을 수 있다.

② 국, 전골, 편육에 사용하는 소고기 육수의 재료는 사태를 쓰며, 물에 담가 핏물을 제거하고 사용한다.

③ 멸치 육수의 경우 내장과 머리를 제거하고 냄비에 볶아 비린내 제거 한 다음, 그대로 찬물을 부어 끓인다.

④ 모시조개 사용 시 3~4% 농도로 해감 후 사용한다.

⑤ 쌀뜨물을 육수로 활용 시 처음 씻은 물은 버리고 2~3회 씻은 물을 이용한다.

◆ 구이

- 구이는 고온으로 가열하여 식품 자체의 성분변화가 심하지만 수용성 성분이 용출되지 않고 표피 가까이 보존되므로 익히는 맛과 향이 잘 조화를 이루게 된다.
- 브로일링(broiling : 직접조리방법)과 그릴링(grilling : 간접조리방법)
  · 브로일링은 위에서 열원을 내려 조리하는 방법으로 복사에너지와 대류에너지로 직접 열을 가해 굽는 방법으로 열원과 식품은 8~10cm 거리를 유지하는 것이 좋다.
  · 그릴링은 식품 아래에 그릴을 놓고 그 아래에 열원이 위치하여 석쇠에 전해지는 전도열을 이용하여 구이를 하는 방법이다. 석쇠는 아주 뜨거워야 고기가 잘 달라붙지 않으며 곡류처럼 직접 구울 수 없는 것을 조리 시 사용한다.
- 너비아니 : 흔히 불고기라 하며 궁중음식으로 소고기를 저며 양념장에 재어 두었다가 구운 것으로 결 방향으로 썰면 질기므로 결반대방향으로 썬다. 연육작용을 위해 배즙(인베르타아제, 옥시다아제)을 활용하며 화력이 약하면 육즙이 흘러나오므로 중불 이상에서 굽는다. 숯불 이용 시 풍미가 증가한다.
- 방자구이 : 소고기에 소금을 뿌려 굽는 방법으로 춘향전에 방자가 고기를 양념할 겨를도 없이 얼른 구워 먹었다는 데서 유래되었다.
- 아크롤레인 : 구이 조리 시 지방이 불 위에 떨어져 발생하는 발암 성분

◆ 국 / 탕 조리

① 국은 국물과 건더기를 7 : 3 비율로 하여 끓이는 것이 좋다.

② 곰국 : 뼈나 살코기, 내장을 푹 고아 만든 국

③ 장국 : 된장이나 고추장을 넣어 끓인 국으로 소금, 간장으로 간을 맞춘다.

◆ 조림 / 초 조리

① 조림은 고기, 생선, 감자 등을 재료가 부드러워지고 양념의 맛 성분이 베어 들도록 간장에 조린 것으로 궁중에서는 조리개라고도 불리었다.

② 생선조림 시 흰살 생선은 보통 간장으로 조리고, 붉은 살 생선이나 비린내가 나는 경우는 고춧가루나 고추장을 사용하여 조림을 한다.

③ **장조림**의 재료로는 아롱사태, 홍두깨살, 닭안심 등 지방이 적은 부위를 사용한다.

④ **소고기 조림** 시 간장에 조림을 하면 보통 냉장 시 한 달 정도의 안전성이 확보된다.

⑤ 조림이 졸이는 음식이라면 한식에서의 초(중식의 炒 chao 차오)는 조림과 비슷하나 국물의 양을 좀 더 줄여 거의 없도록 볶듯이 조리하는 것이다.

⑥ **삼합초**라 하면 홍합, 전복, 해삼을 재료로 한 초 조리를 말한다. (기출 꽁치×)

⑦ 초 조리에서는 재료의 크기와 써는 모양은 일정하게 하며, 설탕 → 소금 → 간장 → 식초 순으로 조미를 한다. 남은 국물의 양은 10% 이상을 조리 원칙으로 한다. 생선요리의 경우 국물이 끓을 때 재료를 넣어야 부서지지 않는다.

◆ **볶음 / 숙채**

- 볶음 조리는 팬을 높은 온도로 달궈 단기간 볶아 재료가 기름을 흡수하지 않도록 하여 원하는 질감을 얻을 수 있는 조리방법으로 소량의 기름만을 이용하여 조리하며, 작은 냄비보다는 바닥이 넓은 큰 냄비(크고 두꺼운 팬)를 사용한다.
- 기본적인 간을 한 다음에 볶아준다.
- 색깔이 있는 당근이나 오이는 소금에 절이지 말고 볶으면서 소금을 넣는 것이 좋다.
- 마른 표고버섯은 볶을 때 약간의 물을 넣어준다.
- 숙채는 물에 데치거나 기름에 볶은 나물을 말한다.
- 잡채, 탕평채, 월과채, 겨자채 등이 숙채에 해당한다. (기출 어채×)
- 시금치, 쑥갓은 끓는 물에 소금을 약간 넣고 데쳐 찬물에 헹구고, 콩나물은 끓는 물에 데친 다음 무친다. 하지만 호박, 오이 등은 소금에 절였다가 기름을 두르고 볶는다. (기출 호박, 오이는 기름에 무친다×)

6) 음식의 담음새

① 음식의 담음새 조화요소 : 색감, 형태, 담는 양, 담는 방법 (기출 재료×)

② 그릇 중 가장 기본적인 형태 : 원형 → 편안하고 고전적인 느낌

③ 스테인리스 스틸 : 그릇의 재질 중 광택이 조금 덜하지만 손질이 간편하고 비교적 값이 싸서 최근 일반 가정에서 가장 많이 사용하고 있다.

④ 장아찌나 젓갈류는 식기의 50%만 담고 탕, 찌개, 볶음, 전골은 식기의 70~80%

⑤ 그 밖에 국, 찜, 나물, 조림, 초, 회, 쌈, 생채, 편육 등은 식기의 70%를 담는다.

⑥ 국이나 탕은 탕기나 뚝배기, 대접 등이 담아낸다.

⑦ 음식을 담을 때는 식사하는 사람의 편리성, 접시 크기, 주재료와 곁들임재료의 위치 선정, 음식의 외관 등이 중요하다. (기출 재료의 색깔 ×)

한식 위생관리

위생관리 파트는 출제비중이 15%로 아주 중요한 파트이자
암기해야 할 요소가 상당히 많은 파트입니다.
특히 식품위생, 감염병과 식중독, 식품 위생 관련 법규 문제는
매 회차 반드시 출제되므로 꼼꼼하게 반복 학습할 수 있도록 합니다.

1. 식품위생 관련법규

1) 식품위생법의 목적

① 위생상의 위해를 방지

② 식품영양의 질적 향상을 도모

③ 식품에 관한 올바른 정보 제공

(기출 건전한 유통 판매 도모 ×)

2) 용어 정리

◆ 식품이란[식품위생법]?

의약품의 제외한 모든 음식물

• 식용얼음, 유산균음료, 채종유는 식품이나 비타민C 약제는 식품이 아니다.

• 식품위생법상 안전성평가를 받아 식용으로 적합한 유전자 재조합 식품은 판매가 가능하다.

◆ 식품공전이란?

판매를 목적으로 하거나 영업상 사용하는 식품, 식품첨가물, 기구 및 용기·포장의 제조·가공·사용·조리

및 보존 방법에 관한 기준, 성분에 관한 규격 등을 수록한 것으로

• 식품공전은 **식품의약품안전처장이 작성, 보급하여야 한다.**

• 식품공전상의 표준온도는 20℃이다.

◆ **유통기한이란?**

　제품의 제조일로부터 소비자에게 판매가 허용되는 기간

◆ **식품위생법에서 '표시'란?**

　• 식품, 식품첨가물, 기구 또는 용기, 포장에 적는 문자, 숫자 또는 도형을 말한다.

　• 나트륨, 지방, 열량은 식품 등의 표시기준에 의해 표시해야 하는 성분이나 **칼슘은 포함되지 않는다.**

　• 열량의 단위는 킬로칼로리(kcal)로 표시하되, 그 값을 그대로 표시하거나 그 값이 가장 가까운 **5kcal** 단위로 표시하여야 한다. 이 경우 **5kcal** 미만은 "0"으로 표시할 수 있다.

　• 건강증진, 체력유지, 체질개선, 식이요법 등에 도움을 준다는 표현은 허위표시, 과대광고의 범위에 해당되지 않는다. 하지만 질병의 예방 또는 치료에 효능이 있다는 내용의 표시와 광고는 허위, 과대광고의 범위에 해당된다.

◆ **식품위생법상 식품검사**

　• 수입식품 검사에는 서류검사, 관능검사, 정밀검사가 있다. (기출 **종합검사 ×**)

　• 수입식품 검사결과 부적합 식품은 수출국이나 다른 나라로 반송되거나, 식용 외 다른 용도로 전환 등의 조치가 취해진다. (기출 **관할 보건소에서 재검사 실시 ×**)

　• 식품 등을 **검사할 목적으로** 수거하는 경우는 **무상수거 대상**에 해당된다.

◆ **식품위생감시원의 직무**

　• 수입, 판매 또는 사용이 금지된 식품의 취급 여부 단속

　• 영업자의 법령이행 여부 확인 및 지도

　• 식품 등의 압류 폐기에 관한 사항

　• 조리사 및 영양사의 법령 준수사항 이행여부 확인 지도

　(기출 **위생사의 위생교육에 관한 사항 ×**)

◆ **영양사의 직무**

　식단 작성 / 검식 및 배식관리 / 구매식품의 검수 (기출 **식품 등의 수거지원 ×**)

3) 식품 관련업의 종류와 영업신고 및 허가 / 교육

◆ 영업의 종류

식품제조가공업, 즉석판매제조가공업, 식품첨가물제조업, 식품운반업, 식품소분판매업, **식품접객업**, 용기 및 포장류제조업, 식품보존업 (기출 먹는샘물제조업×)

- **식품접객업**에는 휴게음식점, 일반음식점, 단란주점, 유흥주점, 위탁급식, 제과점영업 등이 있다.
- **휴게음식점영업**은 음주행위가 허용되지 않으나 **단란주점**의 경우에는 주로 주류를 조리, 판매하는 영업으로 유흥종사자를 두지 않고 손님이 노래를 부르는 행위가 허용된다.
- **유흥주점**은 유흥종사자를 둘 수 있고 손님이 노래를 부르거나 춤을 추는 행위가 허용된다.
- 반드시 영업허가를 받아야 하는 업종 : 식품조사처리업, 단란주점, 유흥주점 영업

  [허가권자 : 단란주점, 유흥주점 - 시장, 군수, 구청장 / 식품조사처리업 - 식품의약품안전처장]

- 그 외 일반음식점, 휴게음식점, 위탁급식, 제과점, 즉석판매제조업, 식품소분판매업, 식품운반업, 식품보관업, 용기포장류제조업 등은 특별자치도, 시장, 군수, 구청장에게 **영업신고만 하면 되는 업종**이다.
- **복어조리점**에서는 반드시 식품위생법상 조리사를 두어야 한다.
- 양곡관리법에 다른 양곡가공업 중 **도정업**은 식품위생법상 **영업신고를 하지 않는다.**

◆ 업종별 식품 위생 교육시간(식품위생법 및 시행규칙 제41조)

- 유흥주점 영업 유흥종사자 : 2시간
- 집단급식소를 설치, 운영하는 자 : 3시간
- 집단급식소를 설치, 운영하려는 자 : 6시간
- 식품접객업 영업을 하려는 자 : 6시간

  [식품접객업에는 휴게음식점, 일반음식점, 단란주점, 유흥주점, 위탁급식, 제과점 등이 해당한다.]
  (기출 단란주점 영업을 하려는 자는 6시간의 식품위생교육을 받아야 한다.)

- 식품운반업, 식품소분판매업, 식품보존업, 용기포장류제조업 영업을 하려는 자 : 4시간
- 식품제조가공업, 즉석판매제조가공업, 식품첨가물제조업 영업을 하려는 자 : 8시간

◆ [식품의약품안전처장]은 식품위생 수준 및 자질의 향상을 위하여 필요한 경우 조리사와 영양사에게 교육을 받을 것을 명할 수 있다. 다만, 집단급식소에 종사하는 조리사와 영양사는 1년마다 교육을 받아야 한다.

4) 조리사 면허

① 미성년자, B형간염환자, 조리사면허 취소 처분 받고 그 취소된 날로부터 1년이 지난 자는 조리사 면허를 취득할 수 있으나, 마약중독자는 조리사 면허를 취득할 수 없다.

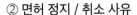
② 면허 정지 / 취소 사유

- 교육을 받지 아니한 경우

   (1차 위반: 시정명령, 2차 위반: 업무정지 15일, 3차 위반: 업무정지 1개월)

- 식중독이나 그 밖의 위생과 관련한 중대한 사고발생에 직무상 책임이 있는 경우

   (1차 위반: 업무정지 1개월, 2차 위반: 업무정지 2개월, 3차 위반 시 면허 취소)

- 면허를 타인에게 대여하여 사용하게 한 경우

   (1차 위반: 업무정지 2개월, 2차 위반: 업무정지 3개월, 3차 위반 시 면허 취소)

- 정신질환자, 감염병환자, 마약이나 그 밖의 약물에 중독된 경우 등 결격사유에 해당하는 경우

- 업무정지기간 중에 조리사의 업무를 한 경우

- 조리사 면허 취소처분을 받고 취소된 날부터 1년이 지나지 않은 경우[결격사유]

   (이미 취소된 상태이므로 면허 취소 사유에 해당)

5) 식품안전관리인증기준(해썹 HACCP : Hazard Analysis and Critical Control Point)

식품의 원료 관리, 제조·가공 조리·소분·유통의 모든 과정에서 위해한 물질이 식품에 섞이거나 식품이 오염되는 것을 방지하기 위하여 각 과정의 위해요소를 확인·평가하여 중점적으로 관리하는 기준을 말한다.

◆ HACCP 적용 7대 원칙

HACCP 적용 7대 원칙		
1	위해요소 분석	
2	중점관리점 결정	
3	한계기준 설정	암기 Tip!
4	모니터링 체계 확립	
5	개선조치 방법 수립	HACCP 7대 원칙
6	검증 절차 및 방법 수립	"위중한 모개검문"
7	문서화 및 기록 유지	

◆ HACCP에 의한 중요관리점(CCP)

① 교차오염방지

② 권장된 온도에서의 냉각

③ 권장된 온도에서의 조리와 재가열

   (기출 생물학적 위해요소 분석 ×)

◆ HACCP 의무 적용 대상

① 빙과류★

② 비가열음료★

③ 레토르트식품★

④ 어육가공품 중 어묵류

⑤ 냉동수산식품 중 어류, 연체류, 조미가공품

⑥ 냉동식품 중 피자류, 만두류, 면류

⑦ 김치류 중 배추김치

　(기출 껌류는 의무 적용 대상이 아니다.)

◆ HACCP 인증 단체급식업소의 보존식 준비 : 조리된 식품은 매회 1인분 분량을 -18℃ 이하에서 144시간 이상 보관해야 한다.

◆ HACCP 7단계에 5단계 준비단계를 합쳐 12절차로 볼 때, 가장 첫 번째 단계는 **HACCP팀 구성이다.**

[**HACCP 준비 5단계: 팀 구성**, 설명서 확인, 용도 확인, 공정흐름도 작성, 공정흐름도 현장 확인]

2. 식중독 관리

1) 세균성 식중독

① 독소형 식중독 : 황색포도상구균, 클로스트리디움 보툴리늄, 바실러스, 세레우스 등에 의해 발병한다.

황색포도상구균	클로스트리디움 보툴리늄
· 포도상구균 자체는 열에 약하지만, 생성되는 장독소인 엔테로톡신은 열에 강하다. · 잠복기가 1~5시간 정도로 아주 짧다. · 화농성 질환자의 식품 취급을 금지한다.	· 뉴로톡신(neurotoxin)이라는 신경독소를 생성한다. · 오래된 통조림 등 밀봉식품의 부패나 햄, 소시지 등 육가공품에서 발생할 수 있다. · 잠복기가 약 36시간으로 아주 길다. · 동공확대, 언어장애 등 신경마비 증상 · 일반적으로 사망률이 매우 높다.

② 감염형 식중독 : 살모넬라균, 장염비브리오균, 병원성 대장균, 웰치균, 캄필로박터균 등에 의해 발병한다. 살모넬라균 식중독은 심한 발열을 일으키며, 장염비브리오균 식중독은 우리나라에서 7~9월 중 해수세균에 의해 집중적으로 발생하며 이를 예방하기 위해서는 식품섭취 전에 반드시 가열한다.

③ 경구감염병과 세균성 식중독의 특징 비교

경구감염병 [식중독 X] [장티푸스, 콜레라]	세균성 식중독 [살모넬라균, 병원성대장균, 장염비브리오균]
소량의 균으로도 발병	다량의 균으로 발병
2차감염 빈번히 발생	2차감염 없음
잠복기간이 길다	잠복기간이 짧다
면역성 있다(백신으로 예방)	면역성 없다 [감염 후 면역성 획득 X]

2) 자연독에 의한 식중독 ★★★

- 독버섯 → 무스카린(muscarine), 아마니타톡신(광대버섯), 콜린, 뉴린
- 독미나리 → 시큐톡신(cicutoxin)
- 섭조개 → 삭시톡신(saxitoxin) [Tip! 섭삭]
- 복어독 → 테트로도톡신(tetrodotoxin) [Tip! 복테]
- 모시조개, 바지락, 굴 → 베네루핀(venerupin) [Tip! 카페베네에서 모시조개 팔다 망했다.]
- 청매실, 복숭아씨, 살구씨, 아몬드, 자두씨 → 아미그달린(amygdalin)
- 목화씨(면실유) → 고시폴(gossypol)
- 감자 → 솔라닌(solanine: 싹이 나거나 햇빛에 노출되어 푸른색일 때 증가)
- 소라 → 테트라민
- 미치광이풀 → 아트로핀
- 독보리 → 테무린

3) 화학적 식중독

소량의 원인물질 흡수로도 만성 중독이 일어나고 체내흡수와 분포가 빨라 사망률이 높으며 중독량에 달하면 급성증상이 나타난다.

① 중금속에 의한 식중독

- 납(Pb) : 납 유약을 바른 도자기 사용 등으로 만성중독 식욕부진, 만성피로, 변비, 복부팽만
- 수은(Hg) : 홍독성 홍분, 미나마타병(중추신경계 장애)
- 카드뮴(Cd) : 신장기능 장애, 이타이이타이병(골연화증)
- 주석(Sn) : 오래된 과일이나 산성 채소 통조림에서 유래(복통, 설사, 구토)
- 크롬(Cr) : 비중격천공(콧속 비중격에 구멍이 생겨 좌우측이 연결되는 현상)

② 첨가물에 의한 식중독

- 감미료(단맛) : 둘신(dulcin), 사이클라메이트(cyclamate), 에틸렌글리콜(etylene glycol), 페릴라르틴(perillartine) 모두 사용이 금지된 감미료이다.
- 착색제 : 황색색소 아우라민(auramine)(단무지, 카레), 핑크색소 로다민(rhodamine)B(어묵, 과자), 갈색 타르색소 실크스칼렛(silk scarlet)(대구 알젓) 등은 구토, 복통, 두통을 일으키고, 니트로아닐린(p-nitroaniline)은 무미, 무취의 황색 결정으로 두통, 청색증, 혼수 등을 일으킨다.

그 밖에 롱가릿(금지 표백제), 붕산(유해 보존료), 승홍(유해 보존료), 불소화합물(유해 보존료), 포름알데히드(유해 보존료) 등도 유해한 첨가물로 식중독을 일으키는 성분이다. 반면에 무수아황산(표백제), 차아황산나트륨(표백제), 과산화수소(표백제), 소르빈산나트륨(보존료)은 유해첨가물에 속하지 않는다.

③ 농약에 의한 식중독

- 유기인제 농약 ★★ : 파라티온(parathion), 말라티온(malathion) 등은 독성이 강하지만 빨리 분해되어 만성중독을 일으키지 않는 농약을 말한다.
- 유기염소제 농약 : DDT, BHC 등에 중독 시 복통, 설사, 구토 등의 증상이 나타난다.

4) 알레르기성 식중독 ★★★

가다랑어, 꽁치, 고등어와 같은 붉은 살 생선에 다량 함유되어 있는 히스타민(histamine) 독소는 원인균인 모르가넬라 모르가니(Morganella morganii)에 의해 두드러기, 가려움증, 두통, 호흡곤란 등의 증상이 나타낸다. [Tip! 내가 알레르기인거 몰라? 모르가넬라 모르가니]

5) 노로바이러스 식중독 ★★

오염된 식수나 식품, 감염환자와의 접촉이나 비위생적 환경, 조리도구 오염 등으로 발생하며 설사, 복통, 구토 등 급성 위장염 증상이 나타난다. 노로바이러스는 크기가 매우 작고 구형이며 발병 후 별다른 치료법은 없으나 2~3일 후 자연치유 된다. 예방을 위해서는 오염 지역에서 채취한 어패류는 85℃ 이상에서 1분 이상 가열하여 섭취하고, 의심되는 지하수 섭취를 피하며 맨손으로 음식물을 만지지 않는다. 하지만 백신 접종으로 예방이 불가능하다.

6) 곰팡이 독소(mycotoxin)에 의한 식중독

- 아플라톡신(땅콩, 곡류 : 아스퍼질러스 플래이버스(aspergilius flavre)에 의해 간장독이 생성된다.)
- 맥각(보리, 호밀 : 맥각균에 의한 곰팡이 독소인 에르고톡신 생성)
- 황변미(쌀 : 페니실리움 속 푸른곰팡이에 의해 간장독 시트리닌 생성)

3. 조리도구 및 조리장 위생관리

① 살균소독제를 사용하여 소독한 후에는 자연 건조한다.

(마른 타월로 닦는다 × / 표면 수분을 마르지 않게 한다 × / 세제를 탄 물로 최종 헹굼 ×)

② 도마는 합성세제를 사용하여 43~45℃의 물로 씻고, 염소소독, 열탕소독, 자외선살균 등을 실시한다. 또한 식재료의 종류별로 전용 도마, 칼 등을 구분하여 사용하는 것이 좋다.

(기출 도마는 건조를 시킬 필요 없다 ×)

③ 조리장 위생해충은 1회성 약제 사용으로는 영구 박멸이 어렵기 때문에 지속적인 관리가 필요하다.

④ 조리사 손 소독용 소독기 설치, 조리장 출입구 신발 소독 시설 설치가 권장되며, 조리장에 음식물과 음식물 찌꺼기를 함부로 방치해서는 안 된다.

⑤ 주방의 청결작업 구역에는 조리구역, 배선구역, 식기보관구역이 있다. (전처리 구역 ×)

⑥ 교차오염은 흙 묻은 식재료를 물로만 세척하거나, 조리 중 식재료에 기침을 한 경우, 화장실에 안전화를 신고 다녀온 후 그대로 식품을 취급한 경우 등에서 발생한다.

⑦ 교차오염 방지를 위해 도마는 용도별 색을 구분하여 사용하고, 식품을 손질 전에는 반드시 손을 씻는다. 날음식과 익은 음식은 반드시 분리 보관한다.

(기출 해동하는 육류는 빠른 해동을 위해 냉장고 중간 칸에 보관한다. ×)

⑧ 육류 해동 시에는 핏물이 떨어지거나 교차오염 방지를 위해 냉장고 가장 아래 칸에서 해동하여 보관한다.

4. 공중보건과 환경위생

건강이란? 단순한 질병이나 허약의 부재 상태를 포함한 **육체적, 정신적 및 사회적** 안녕의 완전한 상태(세계보건기구 WHO의 보건헌장)

1) 공중보건

◆ **공중보건의 목표(목적)**

질병예방 / 수명연장 / 정신적, 신체적 효율 증진 (기출 질병치료 ×)

• 공중보건의 최소단위는 지역사회이며 환경위생의 향상과 감염병 관리 등을 포함한다.

(기출 주요사업 대상은 개인의 질병치료이다 ×)

2) 환경위생

◆ 광선과 기온

- 자외선 : 가시광선보다 짧은 파장, 피부의 홍반 및 색소 침착을 일으키고, 미생물에 대한 살균력이 크다. 인체 내 비타민D를 형성하게 하여 구루병을 예방한다. 자외선 중에 살균효과를 가지는 파장을 건강선(dorno ray)라고 한다.

- 적외선 : 복사선의 파장이 가장 크다(길다). 고열물체의 복사열을 분반하므로 열선이라고도 하며, 피부온도의 상승을 일으킨다.

- 가시광선 : 조명이 불충분할 때 시력저하와 눈의 피로를 일으키고 지나치게 강렬할 때는 어두운 곳에서 암순응 능력을 저하시키는 태양광선

- 감각온도의 3요소 : **기온, 기습, 기류 (기압 ×)**

- 불쾌지수(discomfort index, DI)란?

  미국의 기후학자 Thom(1957)이 제창한 것으로서 기온과 습도의 조합으로 구성되어 있으며 일반적으로 온습도지수라고 한다. 여름철 냉방온도를 결정하는 기준으로 사용한다. 불쾌지수 측정에는 건구온도와 습구온도가 필요하다.

- 이상적인 실내 쾌감습도는 40~70%, 쾌감기류는 0.2~0.3m/sec

- **대기의 상부기온이 하부기온보다 높을 때** 기온역전현상이 발생하여 한동안 공기의 순환이 멈추면서 대기오염물질이 정체되어 오염도를 증가시킨다.

◆ 공기오염

- **CO_2(이산화탄소)를 실내 공기의 오염지표로 사용**하는데 그 이유는 실내 공기조성의 전반적인 상태를 알 수 있기 때문이다. CO_2 서한량(허용량) : 0.1%

- 공기의 자정작용 : 공기자체의 희석과 세정작용, 그리고 산소, 오존 및 과산화수소의 의해 산화작용 등이 해당된다. (기출 여과작용 ×)

- 이산화황(SO_2) : 대기오염물질로 산성비의 원인이 되며 달걀이 썩는 자극적인 냄새가 난다.

- 일산화탄소(CO) : 무색, 무취, 무자극성 기체로 불완전 연소 시 잘 발생하며 연탄가스 중독의 원인물질이다. (기출 잠함병과 관련이 있다 ×) 서한량(허용량): 0.01%

- 군집독 : 다수인이 밀집한 장소에서 발생하며 화학적, 물리적 조성의 큰 변화를 일으켜 불쾌감, 두통, 권태, 현기증, 구토 등의 생리적 이상을 일으키는 현상

◆ 수질오염

- **물의 자정작용 : 희석작용, 침전작용, 산화작용** (기출 소독작용 ×)

- 먹는물 : 먹는 데 통상 사용하는 자연상태의 물, 자연 상태의 물을 먹기에 적합하도록 처리한 수돗물, 먹는샘물, 먹는염지하수, 먹는해양심층수 등

- 먹는샘물 : 샘물을 먹기에 적합하도록 물리적으로 처리하는 등의 방법으로 제조한 물

  (기출 해양심층수를 화학적으로 처리 ×)

- 샘물 : 암반대수층 안의 지하수 또는 용천수 등 수질의 안전성을 계속 유지할 수 있는 자연 상태의 깨

  끗한 물을 먹는 용도로 사용할 원수

- 수처리제 : 물을 정수 또는 소독하거나 먹는물 공급시설의 산화방지 등을 위하여 첨가하는 제제

- 부영양화 현상 : 질산염이나 인물질 등의 증가로 발생하는 수질오염 현상

◆ 상수와 하수의 처리과정

- 상수 정수처리 과정

  침전 → 여과 → 소독 → 송배수 → 마지막 단계는 급수

  상수도 관련 보건 질병 : 수도열, 반상치, 수인성감염병 (기출 레이노드병 ×)

- 하수 처리 과정

  예비처리 → 본처리(부패조법, 임호프탱크법) → 오니처리

  부패조법은 혐기성 분해처리에 해당한다.

◆ 하수오염 조사방법

- **COD(Chemical Oxygen Demand, 화학적 산소요구량)** : 유기물 등의 오염물질을 산화제로 산화할 때

  필요한 산소량

- **DO(Dissolved Oxygen, 용존산소량)** : 물속에 녹아 있는 산소량을 뜻한다. 하천수에 용존산소가 적다

  는 것은 유기물 등이 잔류하여 오염도가 높다는 뜻이다.

- **BOD(Biochemical Oxygen Demand, 생화학적 산소 요구량)** : 물속의 미생물이 유기물을 분해하는데

  필요한 산소 소모량으로 수중의 유기물량이 가장 중요한 인자이다. 일반적으로 BOD가 높으면 DO

  는 낮다.[반비례]

- 비교 : **총트리할로메탄(THM)**은 먹는물 수질기준(100ppb)으로 성인이 평생 매일 2리터의 물을 마셨

  을 때를 기준으로 위해도를 평가하여 설정한다. **하수오염도 측정과는 관련이 없다.**

◆ 소음 및 조명

- 눈 보호에 가장 좋은 인공조명 방식은 간접조명 방식이다.

- 소음측정의 단위 : 데시벨(dB)

- 소음으로 인한 피해 : 불쾌감 및 수면장애, 작업능률 저하, 위장기능 저하

  (기출 맥박과 혈압의 저하 ×)

- 1일 8시간 소음허용기준 : 90(dB)

◆ 쓰레기 처리

- 진개(쓰레기)처리법 : 위생적 매립법, 소각법, 비료화법 (기출 활성슬러지법 ×)
- **소각처리** 시 가장 큰 문제는 **다이옥신** 등 유해물질이 발생한다는 점이다.
- 음식물 쓰레기의 특징 : 도시 생활쓰레기 중 가장 많은 양을 차지, 유기물과 수분, 염분의 함량이 높다. 소각처리는 비효율적이므로 비료화법으로 처리한다.

5. 감염병

1) 일반 사항

- 감염병의 3대 발생 요소 : 감염원, 감염경로, 숙주의 감수성
- 감염병 발생의 3대 요인 : 환경, 숙주, 병인 (기출 예방접종 ×)
- 감염병의 예방 대책 : 병원소의 제거, 예방접종, 환자의 격리 (기출 식품의 저온저장 ×)
- **숙주의 감수성**이란 침입한 항원에 대항하여 **감염이나 발병을 막을 능력이 없는 상태**를 말한다.
- 접촉감염지수(감수성 지수) : 높을수록 접촉 시 감염확율이 높음, 홍역이 가장 높다.

  홍역(95%) > 백일해(60~80%) > 디프테리아(10%) > 폴리오(0.1%)
- 질병의 임상 증상이 회복되는 시기에도 여전히 병원체를 지닌 사람을 회복기 보균자라 하며, 병원체를 몸에 지니고 있으나 겉으로는 증상이 나타나지 않는 건강한 사람을 건강보균자라 하는데 감염병 관리가 가장 어려운 대상은 이러한 **건강보균자**이다.

2) 주요 감염병 특징

- 콜레라는 콜레라균(Vibrio cholerae)이 일으키는 2급 법정 감염병 병균에 오염된 물이나 음식, 환자의 배설물 등으로 전파되므로 환경위생을 철저히 함으로서 예방 가능하다.
- 호흡기계 감염병 : 홍역, 디프테리아, 백일해 (기출 일본뇌염 ×)
- 백일해는 병원체가 세균(백일해균: Bordetella pertussis)이며, 폴리오는 바이러스 감염에 의해 발생하며 음식물을 통해 전파된다. (기출 폴리오는 공기로 감염된다 ×)
- 리케차(rickettsia)가 일으키는 감염병 → 발진티푸스
- 트라코마는 클라미디아균에 오염된 파리, 오염된 물건이 직접적으로 눈에 접촉하여 발병하는 감염성 질환으로 개달물(介達物: 병원체 비활성 운반 수단) 전파가 가장 잘되는 질병이다.
- 한센병은 6세기경 처음 발견된 한센병균이 피부, 말초신경계, 상기도의 점막을 침범하여 조직을 변형시키는 질환으로 한센병균은 나균이라고도 하며, 과거에는 나병이라고 불렸다. 잠복기는 짧으면 5년, 길면 20년가량으로 아주 길다.

• 파상풍은 상처 부위에서 증식한 파상풍균(Clostridiumtetani)이 번식과 함께 생산해 내는 신경 독소가 신경 세포에 작용하여 근육의 경련성 마비와 동통을 일으키지만 감염병 관리상 환자의 격리를 요하지는 않는다.

3) 법정감염병의 종류

구분	제1급감염병	제2급감염병	제3급감염병	제4급감염병
특성	생물테러감염병 또는 치명률이 높거나 집단 발생의 우려가 커서 발생 또는 유행 즉시 신고. 음압격리와 같은 높은 수준의 격리가 필요한 감염병 (16종)	전파가능성을 고려하여 발생 또는 유행 시 24시간 이내에 신고. 격리가 필요한 감염병 (23종)	발생을 계속 감시할 필요가 있어 발생 또는 유행 시 24시간 이내 신고하여야 하는 감염병 (26종)	유행 여부를 조사하기 위하여 표본감시 활동이 필요한 감염병 (23종)
종류	에볼라바이러스병 마버그열 라싸열 크리미안콩고출혈열 남아메리카출혈열 리프트밸리열 두창 페스트 탄저병 보툴리눔독소증 야토병 중증급성호흡기증후군 (SARS) 중동호흡기증후군 (MERS) 동물인플루엔자 인체감염증 신종인플루엔자 디프테리아 등	결핵 수두 홍역 콜레라 장티푸스 파라티푸스 세균성이질 장출혈성대장균감염증 A형간염 백일해 유행성이하선염 풍진 폴리오 수막구균 감염증 폐렴구균 감염증 한센병 성홍열 E형간염 코로나바이러스 감염증-19 원숭이두창 등	파상풍 B형간염 일본뇌염 C형간염 말라리아 레지오넬라증 비브리오패혈증 발진티푸스 발진열 쯔쯔가무시증 렙토스피라증 브루셀라증 공수병 신증후군출혈열 후천성면역결핍증(AIDS) 크로이츠펠트-야콥병(CJD) 황열 뎅기열 큐열 진드기매개뇌염 지카바이러스 감염증 등	인플루엔자 회충증 편충증 요충증 간흡충증 폐흡충증 장흡충증 수족구병 매독(梅毒) 임질 클라미디아감염증 연성하감 성기단순포진 급성호흡기감염증 해외유입기생충감염증 엔테로바이러스감염증 사람유두종바이러스 감염증 등

4) 인수공통 감염병

감염병	매개물	감염병	매개물
브루셀라증	소	야토병	토끼
탄저병	양, 말, 소	리스테리아증	주로 식품류, 동물배설물
결핵	토끼	돈단독증	소, 돼지, 말
조류인플루엔자	야생조류, 닭	큐열	소, 양

※ 그 밖에 페스트(쥐), 렙토스피라증(쥐), 광견병(개) 파상풍(소, 돼지, 염소) 등도 동물을 매개로 하는 인수공통 감염병에 속한다. [암기 Tip! 인수공통 감염병 → 브탄결엔 야리돈큐!]

- 광견병은 인수공통감염병으로 병원체가 바이러스이다.
- 톡소플라스마 : 원형동물 기생충으로 여성이 임신 중에 감염될 경우 유산과 불임을 포함, 태아에 이상을 유발할 수 있는 인수공통감 감염병인 톡소플라스마증을 일으킨다. 사람들이 모르는 사이에 고양이 배설물로부터의 톡소플라스마 낭종을 섭취하거나 오염된 육류를 섭취할 때 발생한다.

5) 기생충 감염

① 선모충 : 돼지고기로 감염, 구토와 열 발생

② 유구조충(갈고리촌충) : 돼지고기를 생식하거나 돼지에게 사람의 대변을 먹이는 지역에서 감염자가 많이 발생

③ 무구조충(민촌충) : 쇠고기 육회나 생고기를 자주 먹을 경우 걸리는 장내 조충

④ 간흡충 : 왜우렁이(제1중간숙주)와 잉어, 붕어 등 담수어(제2중간숙주)를 통해 감염

⑤ 폐흡충 : 덜 익은 민물 가재나 민물 게 속의 피낭유충에 의해 감염

⑥ 아니사키스충 : 바다새우(제1중간숙주)와 고래(제2중간숙주)를 통해 감염

⑦ 편충 : 흙이나 채소를 통해 우리 몸속으로 들어와 감염을 일으킨다.

자주 출제되는 Key Points

- 식중독의 발생 즉시 가장 먼저 취해야 할 행동 조치는 식중독 발생 신고이다.
- 식중독 발생 시 24시간 이내에 의사 또는 한의사, 집단급식소 설치 운영자는 시장, 군수, 구청장에게 보고한다.
- 우리나라에서 식중독 사고가 가장 빈번히 발생하는 계절은 여름이다.
- 세균성 식중독의 가장 대표적인 증상은 급성위장염이다.
- 난류(알)는 살모넬라균에 오염되기 쉬운 대표적 식품이다.
- 웰치균(Clostridium perfringens)은 산소가 없는 환경에서 잘 자라는 혐기성 균주이며, 열에 강하여 가열로 쉽게 사멸시키기 힘들며, 냉장온도보다는 냉동육이나 냉동 어패류에서 발생한다.
- 세균성 식중독 예방법 : 조리장 청결유지, 조리 기구소독, 신선한 재료 사용
  (기출 유독한 부위 제거 ×)
- 고시폴, 무스카린, 솔라닌은 식물성 자연독이지만 테트로도톡인은 동물성(복어독)이다.
- 복어독은 복어의 난소에 가장 많이 들어있으며 햇볕에 강하다.
- 셉신(sepsine)은 부패한 감자에 들어 있는 독소성분이다.(비교 : 감자싹에는 솔라닌)
- 화학적 식중독은 체내 분포가 빨라 사망률이 높다.
- 아민류는 탈탄산 반응에 의해 생성되는 단백질로 알레르기성 식중독의 원인물질이다.
- 평균수명에서 질병이나 부상으로 인해 활동하지 못하는 기간을 뺀 수명을 건강수명이라 한다.
- 영아사망률은 한 국가의 보건수준이나 생활 수준을 나타내는 지표로 가장 많이 이용된다.
- 구충, 구서의 원칙은 구제 대상 동물의 생태 및 습성에 따라 발생원을 제거하는 것으로 발생 초기에 광범위하게 동시에 실시한다. (기출 성충시기에 구제한다 ×)
- 역학의 목적은 질병 예방을 위해 질병 발생 요인을 규명, 보건의료의 기획과 평가를 위한 자료 제공, 질병 측정과 유행 발생의 감시 등이다. (기출 경제 연구에 활용 ×)
- 사람이 예방접종을 통해 얻는 면역을 인공능동면역이라 하며, 모체로부터 태반이나 수유를 통해 얻어지는 면역을 자연수동면역이라 한다.
- 우리나라에서 출생 후 가장 먼저 인공능동면역(예방접종)을 실시하는 것은 결핵예방접종이다.
- 폴리오는 생균(live vaccine)을 사용한 예방접종으로 면역이 된다.
- DPT 예방접종은 디프테리아, 파상풍, 백일해에 대한 예방을 목적으로 한다. (기출 페스트 ×)

한식 안전관리

한식 조리사의 개인 안전, 장비 및 도구 안전 작업, 작업환경 안전 관리에 관한 내용이 출제되는 파트로
출제 비중은 5~10%로 높지 않고 몇 가지 사항만 주의하면 모두 상식선에서 풀 수 있는
평이한 문제가 출제되므로 한 두 번 정도만 빠른 속도로 정독하시면
충분히 모두 맞추실 수 있으리라 생각합니다.

1. 재해의 특성과 관리

- 환경이나 작업조건으로 인해 자신이나 타인이 상해를 입었을 때 이를 재해라 한다.
- 재해는 불완전한 행동과 기술 등 구성요소의 연쇄반응으로 일어나며, 재해 발생 비율을 줄이기 위해서는 안전관리가 집중적으로 필요하다.
- 위험도 경감의 3가지 시스템 구성요소는 절차, 사람, 장비이며
- 위험 경감 원칙의 핵심요소 구성 시 위험요인의 제거, 위험발생 경감, 사고 피해 경감을 반드시 고려해야 한다. (기출 사고 피해 치료 ×)

2. 안전사고 조치 및 예방

① 안전사고 발생 시에는 가장 먼저 사고발생 관리자에게 보고한다. (기출 모든 작업자 대피 ×)
② 응급조치는 다친 사람이나 급성질환자에게 사고 현장에서 즉시 취하는 조치로 생명 유지와 더 이상의 상태 악화를 방지하고, 건강이 위독한 환자에게 전문적인 의료가 실시되기 전 긴급히 실시하는 것이다. (기출 응급조치는 사고발생 예방과 피해 심각도를 억제하기 위한 조치이다. ×)
③ 사고 예방을 위한 안전 교육은 인간생명의 존엄성을 인식시키고, 안전한 생활 습관을 형성하며, 개인과 집단의 안전성을 최고로 발달시키는 교육을 말한다. (기출 상해, 사망 또는 재산 피해를 가져오는 불의의 사고를 완전히 제거하는 것 ×)
④ 작업 전 간단한 체조로 신체 긴장을 완화하면 작업 시 근골격계 질환을 예방할 수 있다.

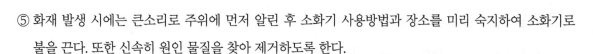

⑤ 화재 발생 시에는 큰소리로 주위에 먼저 알린 후 소화기 사용방법과 장소를 미리 숙지하여 소화기로 불을 끈다. 또한 신속히 원인 물질을 찾아 제거하도록 한다.

（기출 몸에 불이 붙었을 경우, 움직이면 불길이 더 커지므로 가만히 있는다 ×）

⑥ 화재 발생 위험요소가 있는 기계가 있다면 정기적인 점검을 실시한다.

（기출 화재 예방을 위해 근처에 가지 않는다. ×）

3. 조리작업 시 안전사고 위험요인

① 부적절한 조명 → 미끄러짐 발생

② 미숙한 칼 사용 → 베임, 절단 사고

③ 끓는 식용유 취급 → 화재발생, 화상

（기출 연결코드 제거 후 전자제품 청소 → 감전사고 ×）

4. 조리 작업장 안전 수칙 O/×

- 반드시 안전한 자세로 조리한다. ·· O
- 짐을 옮길 때는 충돌 위험을 감지할 수 있도록 주의한다. ························ O
- 뜨거운 용기를 이용할 때는 반드시 장갑을 사용한다. ·························· O
- 주방 내 바닥이 젖어 있거나 기름기가 있는 경우, 전선이 노출된 경우 미끄럼 사고의 원인이 된다. O
- 1개의 콘센트에 여러 개의 선을 연결하지 않는다. ······························ O
- 물 묻은 손으로 전기기구를 만지지 않는다. ······································ O
- 플러그를 콘센트에서 뺄 때는 줄을 잡아당기지 말고 콘센트를 잡고 뺀다. ···· O
- 깨진 유리를 버릴 때는 '깨진 유리'라는 표시를 해서 버린다. ·················· O
- 조리작업을 위해 편안한 조리복만 착용한다. ···································· ×
- 전열기 내부는 물을 뿌려 깨끗이 청소한다. ······································ ×
- 난로는 불을 붙인 채 기름을 넣는 것이 좋다. ···································· ×
- 조리실 바닥의 음식 찌꺼기는 모아 두었다 한꺼번에 치운다. ················· ×
- 떨어지는 칼은 위생을 생각하여 즉시 잡도록 한다. ····························· ×
- 주방 내 전등의 조도가 높은 경우 미끄럼 사고의 원인이 된다. ··············· ×

5. 조리용 장비 점검과 취급요령

- 정기점검 : 조리작업에 사용되는 설비 기능 이상 여부와 보호구 성능 유지 등에 대해 최소 매년 1회 이상 실시하는 점검
- 주방에서 조리장비류를 취급 시 결함이 의심되거나 시설제한 중인 시설물의 사용 여부를 판단하기 위해 실시하는 점검을 특별점검이라 한다.
- 칼날의 방향은 반드시 몸의 바깥쪽으로 놓고 사용한다.

  (기출 몸 안쪽으로 사용한다 ×)

- 가스레인지 사용 시 반드시 정기적으로 가스관을 점검해야 한다.

  (기출 문제가 의심될 때만 가스관 점검 ×)

- 육류절단기를 사용할 때는 작업 전 칼날 고정상태를 반드시 확인한다.

한식 구매관리

구매관리는 시장조사 및 구매관리, 검수관리, 원가에 관한 사항을 다루는 파트로
문제는 대체로 평이하며 출제 비중은 5% 정도 높지 않습니다.
종종 원가관리와 관련된 다양한 계산문제들이 출제되므로 반드시 기출 유형들을 숙지하고
풀이법을 익혀야 배정된 모든 점수를 획득할 수 있습니다.
하지만 우리 시험은 60점 이상 받으면 합격하는 시험이므로 계산문제가 어렵게 느껴진다면
포기할 것은 과감하게 포기하고, 전반부 1, 2, 3파트에 시간을 전략적으로
집중 투자하는 것이 효율적인 공부 방법입니다.

1. 시장조사와 식품구입 및 검수

1) 시장조사

일반적으로 시장조사를 통해 **품목, 품질, 가격** 등을 조사하는데 시장조사에는 다음의 원칙이 적용된다.

(기출 판매처는 조사항목이 아님에 주의!)

◆ 시장조사의 원칙

  ① 조사 적시성의 원칙

  ② 조사 계획성의 원칙

  ③ 조사 정확성의 원칙

  ④ 비용 경제성의 원칙

    (기출 비용 소비성의 원칙 ×)

◆ 비용경제성의 원칙이란?

시장조사에 사용된 비용이 조사로부터 얻을 수 있는 이익을 초과해서는 안 되므로 소요비용이 최소가 되도록 조사비용과 효용성 간에 조화를 이루어야 한다는 원칙이다.

2) 식품의 구입

◆ 식품 구입에 있어 고려해야 할 사항

① 단체 급식 시 폐기율을 반드시 고려한다.

② 단체 급식 시 값이 싼 대체식품을 구입한다.

③ 제철식품을 구입하도록 한다.

④ 쌀은 1개월분을 한꺼번에 구입한다.

⑤ 곡류나 공산품은 1개월 단위로 한꺼번에 구입한다.

⑥ 고등어나 느타리버섯 등은 필요할 때 수시로 구입한다.

⑦ 소고기 등 육류는 냉장시설이 구비되어 있다면 1주일분을 구입한다.

(기출 곡류나 공산품은 1년 단위로 한꺼번에 구입한다. ×)

3) 식품의 구입 방법

• 경쟁입찰 : 필요한 품목과 수량을 표시하여 업자에게 견적서를 받아 검토한 후 낙찰자를 정하여 계약을 체결하는 구매 형태

• 수의계약 : 경쟁이나 입찰 없이 계약 이행에 적합한 특정업체를 선정하여 계약하는 비공식적 구매 형태. 절차가 간편하고, 경비와 인원을 줄일 수 있지만 가격 면에서 비싸게 구매할 우려가 있다. 보통 채소류, 두부, 생선 등 저장성이 낮고 가격 변동이 많은 식품 구매 시 적합한 방법이다.

4) 재고관리

물품 부족으로 인한 급식 생산 계획의 차질을 미연에 방지하고 도난과 부주의로 인한 식품재료 손실을 최소화하기 위해 급식 생산에 요구되는 식품재료와 일치하는 최소한의 재고량을 유지해야 한다.

하지만 재고물품은 적정 수준으로만 보유하는 것이 좋으며, 무조건 많이 보유한다고 유리한 것은 아님에 유의한다.

5) 검수관리

검수관리란 식품의 품질, 무게, 원산지가 주문 내용과 일치하는지 확인하고, 유통기한, 포장상태 및 운반 차의 위생상태 등을 확인하는 것을 말한다.

◆ 검수시설의 요건

　① 검수구역은 540럭스(lux) 이상의 적절한 조도의 조명 시설을 갖출 것

　② 물건과 사람이 이동하기에 충분한 공간을 확보할 것

　③ 안전성이 확보되고 청소와 배수가 용이할 것

◆ 검수 시 주의사항

① 식품의 품질을 판단할 수 있는 지식, 능력, 기술을 지닌 검수 담당자를 배치하도록 한다.

② 검수에 쓰이는 기기 : 운반차, 온도계

③ 운반차는 반입, 검수, 일시 보건 등을 하기 위한 주요기기에 해당한다.

④ 검수를 할 때는 구매명세서, 구매청구서를 참조한다.

⑤ 검수 시간은 공급업체와 협의하여 검수 업무를 혼란 없이 정확하게 수행할 수 있는 시간으로 정한다.

⑥ 검수구역이 배달 구역 입구, 물품 저장소(냉장, 냉동고, 건조창고) 등과 인접한 장소에 있어야 한다.
　(기출 최대한 멀리 떨어져 있어야 한다. ×)

2. 발주량의 계산

- 폐기율 : 우리가 섭취하지 않고 버리는 부분을 식품 100g으로 환산했을 때의 퍼센트(%)

　　폐기율(%) = 100 − 가식부율(%)

- 가식부율 : 우리가 섭취하는 부분을 식품 100g으로 환산했을 때의 퍼센트(%)

　　가식부율(%) = 100 − 폐기율(%)

　　따라서, 폐기율(%) + 가식부율(%) = 100(%) 이다.

- 대두, 두부, 숙주나물은 비교적 가식부율이 높고, 일반적으로 생선의 경우 폐기율이 가장 높은 식품에 해당한다.

- 정미중량 : 포장이나 용기, 겉 껍질을 제외한 식품의 중량을 말한다.

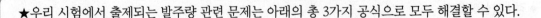

★우리 시험에서 출제되는 발주량 관련 문제는 아래의 총 3가지 공식으로 모두 해결할 수 있다.

총발주량 공식

(유형) 폐기율을 고려한 총 발주량은?

$$총\ 발주량 = \frac{정미중량}{100-폐기율(\%)} \times 100 \times 인원수$$

필요비용 공식

(유형) 구입에 필요한 비용은(필요비용)?

$$필요비용 = 필요한\ 양 \times \frac{100}{가식부율(\%)} \times 1kg당\ 단가$$

출고계수 공식

(유형) 가식부율이 OO%인 식품의 출고계수는?

$$출고계수 = \frac{100}{가식부율(\%)}$$

(유형) 폐기율이 OO%인 식품의 출고계수는?

$$출고계수 = \frac{100}{가식부율(\%)} = \frac{100}{100-폐기율(\%)}$$

기출예제 01 시금치나물을 조리할 때 1인당 80g이 필요하다면, 식수 인원 1,500명에 적합한 시금치 발주량은? (단, 시금치의 폐기율은 4%이다.)

$$풀이: 총발주량 = \frac{정미중량}{100-폐기율(\%)} \times 100 \times 인원수 = \frac{80}{100-4} \times 100 \times 1500$$

$$= \frac{80}{96} \times 100 \times 1500 = 125,000(g) = 125kg$$

정답 : **125kg**

기출예제 02 삼치구이를 하려고 한다. 정미중량 60g을 조리하고자 할 때 1인당 발주량은 약 얼마인가?
(단, 삼치의 폐기율은 34%)

$$풀이 : 총발주량 = \frac{정미중량}{100-폐기율(\%)} \times 100 \times 인원수 = \frac{60}{100-34} \times 100 \times 1 = 90.9$$

정답 : **약 91(g)**

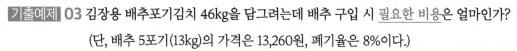

기출예제 | 03 김장용 배추포기김치 46kg을 담그려는데 배추 구입 시 <u>필요한 비용</u>은 얼마인가?

(단, 배추 5포기(13kg)의 가격은 13,260원, 폐기율은 8%이다.)

풀이 : 필요비용 = 필요한 양 × $\dfrac{100}{가식부율}$ × 1kg당 단가

필요한 양은 46kg, 가식부율은 100-폐기율로 나타낼 수 있다.

1kg당 단가는 13kg이 13,260원이므로 $\dfrac{13260}{13}$ = 1020원이다.

$$= 46 × \dfrac{100}{100-8} × 1020 = 46 × \dfrac{100}{92} × 1020 = 51000$$

정답 : **51,000원**

기출예제 | 04 폐기율이 20%인 식품의 출고계수는 얼마인가?

풀이 : 출고계수= $\dfrac{100}{가식부율(\%)}$ = $\dfrac{100}{100-폐기율(\%)}$ = $\dfrac{100}{100-20}$ = $\dfrac{100}{80}$ = 1.25

정답 : **1.25**

기출예제 | 05 가식부율이 70%인 식품의 출고계수는?

풀이 : 출고계수= $\dfrac{100}{가식부율(\%)}$ = $\dfrac{100}{70}$ = 1.428

정답 : **약 1.43**

기출예제 | 06 오징어 12kg을 25,000원에 구입하였다. 모두 손질한 후의 폐기율이 35%였다면 실사용량의 kg당 단가는 얼마인가?

풀이 : 폐기율이 35%이므로 가식부율은 65%이다.

12kg을 구입했지만 실사용량은 가식부율 65%를 적용하여

12 × 65(%) = 12 × 0.65 = 7.8kg 이다.

실사용량 7.8kg을 25,000원에 구입하였으므로

실사용량의 kg당 단가는 $\dfrac{25000}{7.8}$ = 3,205원

정답 : **3,205원**

3. 원가관리

1) 원가의 3요소

[구분기준 : 발생형태에 따른 분류] [Tip! 노재경 부장님]

① 노무비 : 제품의 제조를 위하여 소비된 노동의 가치를 말한다.

　　　　　임금(급여 or 급료), 수당, 상여금, 퇴직금, 복리후생비 등

② 재료비 : 급식 재료비는 가공식품, 반제품, 급식 원재료 및 조미료 등 급식에 소요되는 모든 재료에

　　　　　대한 비용으로 직접재료비, 재료구입비 등이 해당된다.

③ 경비 : 수도, 전기, 광열비, 감가상각비, 통신비 보험료, 외주가공비, 연구재료비 등

2) 원가 계산과 재고관리법

• 원가 계산의 원칙 : 확실성의 원칙, 진실성의 원칙, 발생기준의 원칙 [Tip! 확진발생]

• 원가 계산의 목적 : 예산편성, 원가관리, 가격결정 [Tip! 예산원가]

• 손익분기점 : 총비용과 총수익(판매액)이 일치하여 이익도 손실도 발생되지 않는 기점

• 후입선출법(Last-in, first-out) : 재고 관리 방법 중 최근 구입 식품부터 먼저 사용하는 것으로 가장 오래

　　　　　된 물품이 재고로 남게 되는 방법이다.

• 선입선출법(first-in, first-out) : 먼저 들어온 재고부터 먼저 사용 또는 출고, 가장 최근 것이 재고로 남게

　　　　　되는 방법이다.

• 재료의 소비량을 알아내는 방법 : 계속기록법, 재고조사법, 역계산법

3) 원가의 분류

◆ 고정비와 변동비 [구분기준 : 생산량과 비용의 관계]

• 고정비 : 제품의 제조수량 증감에 관계없이 매월 고정적으로 발생하는 경비로 임대료, 노무비 중 정규

　　　　직 급료, 세금, 보험료, 감가상각비 등

• 변동비 : 생산량(매출) 증가에 따라 비례하여 증가하는 비용으로 재료비, 상품매입원가, 외주가공비,

　　　　전력비, 가스비, 수도, 노무비 중 시간제 아르바이트 임금 등

◆ 직접비와 간접비

• 직접비 : 특정 제품에 사용된 것이 확실하여 제품에 직접 결부시켜 파악할 수 있는 비용으로 직접재료

　　　　비, 직접노무비, 직접경비, 연구재료비, 연구활동비, 외주가공비 등

• 간접비 : 여러 제품의 생산에 공통적으로 사용되는 원가로 제품에 직접 결부시켜 파악할 수 없는 원가

　　　　로 간접재료비, 간접노무비, 간접경비 등이 해당된다.

4) 원가의 구성

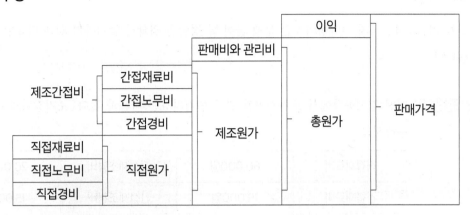

- 직접원가 = 직접재료비 + 직접노무비 + 직접경비

- 제조원가 = 직접원가 + 제조간접비

- 총원가 = 제조원가 + 판매관리비

- 판매가격 = 총원가 + 이익

기출유형 OX

- 일반관리비는 직접원가에 포함된다. ·· ✕

- **직접원가에 제조 시 소요된 간접비를 포함한 것은 제조원가이다.** ···················· ○

- 제조원가에 관리비용만 더한 것은 총원가이다. ·································· ✕

- **제조원가에 판매비와 관리비를 더한 것이 총원가이다.** ···························· ○

- **총원가는 판매관리비와 제조원가의 합이다.** ······································ ○

- 총원가는 제조간접비와 직접원가의 합이다. ···································· ✕

- 판매가격은 총원가와 판매경비의 합이다. ·· ✕

- **판매가격은 총원가와 이익의 합이다.** ··· ○

4. 원가의 계산

※ 실제 기출문제는 4지 선다형이지만 문제 풀이 및 정답을 정확히 암기하기 위해 단답형으로 구성하였습니다.

기출예제 01 어떤 김치공장에서 포기김치를 만든 원가자료는 다음과 같다. 포기김치의 총 판매가격을 구하시오.

직접재료비	60,000원	직접제조경비	20,000원
간접재료비	19,000원	간접제조경비	15,000원
직접노무비	150,000원	판매비와 관리비	제조원가의 20%
간접노무비	25,000원	기대이익	판매원가의 20%

풀이 : 직접원가 = 직접재료비 + 직접노무비 + 직접경비

제조원가 = 직접원가 + 제조간접비

총원가 = 제조원가 + 판매관리비

판매가격 = 총원가 + 이익

   = (직접재료비 + 직접노무비 + 직접경비 + 제조간접비) + 판매관리비 + 이익

   = 제조원가 + 판매관리비 + 이익

제조원가는 60,000 + 150,000 + 19,000 + 25,000 + 20,000 + 15,000 = 289,000원

판매관리비는 제조원가의 20%라고 했으므로 289,000 × 0.2 = 57,800원이고,

판매원가는 298,000원 + 57,800원 = 346,800원 ----①

기대 이익은 판매원가의 20%라고 했으므로

판매원가인 346,800원 × 0.2 = 69,360원 -----②

따라서, 총 판매가격은 ① + ② = 416,160원

정답 : **416,160원**

기출예제 02 다음 자료를 통해 제조원가를 구하시오.

직접재료비	60,000원	직접임금	100,000원
소모품비	10,000원	통신비	10,000원
판매원 급여	50,000원		

풀이 : 직접원가 = 직접재료비 + 직접노무비 + 직접경비

제조원가 = 직접원가 + 제조간접비

직접임금은 직접노무비에 속하고, 소모품비, 통신비는 직접경비에 포함된다.

하지만 판매원 급여는 판매관리비로 제조원가에 포함되지 않는다.

따라서 제조원가는 60,000 + 100,000 + 10,000 + 10,000 = 180,000원

정답 : **180,000원**

기출예제 03 다음 자료에 의해 총 원가를 산출하시오.

직접재료비	150,000원	간접재료비	5,000원
직접노무비	100,000원	간접노무비	20,000원
직접경비	50,000원	간접경비	100,000원
판매 및 일반관리비	10,000원	기대이익	판매원가의 20%

풀이 : 직접원가 = 직접재료비 + 직접노무비 + 직접경비

제조원가 = 직접원가 + 제조간접비(간접재료비, 간접노무비, 간접경비)

총원가 = 제조원가 + 판매관리비

= (직접재료비 + 직접노무비 + 직접경비 + 제조간접비) + 판매관리비

= 150,000 + 100,000 + 50,000 + 5,000 + 20,000 + 100,000 + 10,000

= 435,000원

정답 : **435,000원**

기출예제 04 불고기를 만들어 파는 비용으로 1kg 기준으로 등심은 18,000원, 양념비는 3,500원이 소요되었다. 1인분에 200g을 사용하고 식재료 비율을 40%로 하려고 할 때 판매가격은?

풀이 : 불고기 1kg을 만드는데 들어가는 식재료비 : 등심 18,000원 + 양념비 3,500원 = 총 21,500원

1인분 200g의 식재료비 : 1kg의 5분의 1이므로 $\frac{21500}{5}$ = 4,300원

이 식재료비가 판매가격의 40%라 할 때 100%는 4,300 × $\frac{100}{40}$ = 10,750원이 판매가격이 된다.

정답 : **10,750원**

기출예제 05 당근의 구입단가는 1kg당 1,300원이다. 10kg 구매 시 표준수율이 86%라면, 당근 1인분(80g)의 원가는 얼마인가?

풀이 : 10kg 구매 시 소요된 총 비용 : 10 × 1,300 = 13,000원

표준수율이 86%이므로 당근의 실제수량은 8.6kg = 8,600g

1인분(80g)의 원가는 $\frac{80}{8600}$ × 13,000 = 120.93원

정답 : **약 121원**

기출예제 06 닭고기 20kg으로 닭강정 100인분을 판매한 매출액이 1,000,000원이었다. 닭고기의 kg당 단가가 12,000원, 총 양념비용이 80,000원이라면 식재료의 원가비율은?

풀이 : 원가비율 = $\frac{총\ 사용한\ 식재료\ 값의\ 합}{총\ 매출액}$ × 100 이므로

닭고기 20kg 값 = 20 × 12,000 = 240,000원과 총 양념비용 80,000원의 합은 320,000원

원가비율 = $\frac{총\ 사용한\ 식재료\ 값의\ 합}{총\ 매출액}$ × 100= $\frac{320000}{1000000}$ × 100= 0.32 × 100 = 32%

정답 : **32%**

II

최신 CBT 복원

실전모의고사

01 미생물의 발육을 억제하여 식품의 부패나 변질을 방지할 목적으로 사용되는 것은?

① 안식향산나트륨

② 호박산이나트륨

③ 글루타민산나트륨

④ 유동파라핀

해설

주요 식품첨가물

① **안식향산나트륨 : 방부제**

② 호박산이나트륨 : 향미증진제

③ 글루타민산나트륨 : 향미증진제(MSG 주성분)

④ 유동파라핀 : 이형제, 피막제

02 영업을 하려는 자가 받아야 하는 식품위생에 관한 교육시간으로 옳은 것은?

① 식품제조가공업 : 36시간

② 식품운반업 : 12시간

③ 단란주점영업 : 6시간

④ 용기류제조업 : 8시간

해설

업종별 식품위생 교육시간(식품위생법 및 시행규칙 제41조) 단란주점 영업을 하려는 자는 6시간의 식품위생교육을 받아야 한다.

• 유흥주점 영업 유흥종사자 : 2시간

• 집단급식소를 설치, 운영하는 자 : 3시간

• 집단급식소를 설치, 운영하려는 자 : 6시간

• 식품접객업 영업을 하려는 자 : 6시간
 [식품접객업에는 휴게음식점, 일반음식점, 단란주점, 유흥주점, 위탁급식, 제과점 등이 해당한다.]

• 식품운반업, 식품소분판매업, 식품보존업, 용기포장류제조업 영업을 하려는 자 : 4시간

• 식품제조가공업, 즉석판매제조가공업, 식품첨가물제조업 영업을 하려는 자 : 8시간

03 식품위생의 목적이 아닌 것은?

① 위생상의 위해방지

② 식품영양의 질적 향상도모

③ 국민보건의 증진

④ 식품산업의 발전

해설

식품산업 발전은 식품위생의 목적과 거리가 멀다.

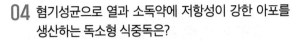

04 혐기성균으로 열과 소독약에 저항성이 강한 아포를 생산하는 독소형 식중독은?

① 장염 비브리오균

② 클로스트리디움 보툴리눔

③ 살모넬라균

④ 포도상구균

혐기성균으로 열과 소독약에 저항성이 강한 아포를 생산하는 독소형 식중독균은 클로스트리디움 보툴리눔으로 산소가 없는 곳에서 생존하며 그람양성균이다.

06 식품과 독성분이 잘못 연결된 것은?

① 감자 - 솔라닌(solanine)

② 조개류 - 삭시톡신(saxitoxin)

③ 독미나리 - 베네루핀(venerupin)

④ 복어 - 테트로도톡신(tetrodotoxin)

독미나리의 땅속 줄기와 뿌리에 함유된 독소 성분은 시큐톡신(cicutoxin)이다. 베네루핀(venerupin)은 모시조개, 바지락, 굴 등의 어패류에 존재하는 독성분이다.

05 경구감염병과 비교하여 세균성 식중독이 가지는 일반적인 특성은?

① 소량의 균으로도 발병한다.

② 잠복기가 짧다.

③ 2차 발병률이 매우 높다.

④ 수인성 발생이 크다.

세균성 식중독은 경구감염병에 비해 잠복기가 짧으며, 다량의 균으로 발병하며, 2차 감염이 일어나지 않는다. 또한 오염된 물에 의해 감염되는 수인성(水因性, waterborne diseases) 발생은 거의 없다.

07 황색 포도상구균에 의한 식중독 예방대책으로 적합한 것은?

① 토양의 오염을 방지하고 특히 통조림의 살균을 철저히 해야 한다.

② 쥐나 곤충 및 조류의 접근을 막아야 한다.

③ 어패류를 저온에서 보존하며 생식하지 않는다.

④ 화농성 질환자의 식품 취급을 금지한다.

황색 포도상구균은 식품을 취급하는 사람이 피부병이나 **화농성 질환**이 있을 경우 감염 위험이 크다.

| 04 | ② | 05 | ② | 06 | ③ | 07 | ④ |

08 비타민 A가 부족할 때 나타나는 대표적인 증세는?

① 괴혈병

② 구루병

③ 불임증

④ 야맹증

해설

비타민 A가 부족할 때 나타나는 대표적인 증세는 야맹증이다.

• 비타민 결핍 증상

비타민 A	야맹증	비타민 D	구루병
비타민 B	각기증, 피로	비타민 E	불임, 유산
비타민 C	괴혈병	비타민 K	혈액 응고 장애

09 바지락 속에 들어 있는 독성분은?

① 베네루핀(venerupin)

② 솔라닌(solanine)

③ 무스카린(muscarine)

④ 아마니타톡신(amanitatoxin)

해설

베네루핀(venerupin)은 모시조개, 바지락, 굴 등의 어패류에 존재하는 독성분이다. 솔라닌은 감자싹, 무스카린은 광대버섯, 아마니타톡신은 알광대버섯을 비롯한 광대버섯속, 종버섯속, 황토버섯속, 갓버섯속 등에 들어 있는 독성 물질이다.

10 유지나 지질을 많이 함유한 식품이 빛, 열, 산소 등과 접촉하여 산패를 일으키는 것을 막기 위하여 사용하는 첨가물은?

① 피막제

② 착색제

③ 산미료

④ 산화방지제

해설

식품 첨가물 중 산화방지제는 유지나 지질을 많이 함유한 식품이 빛, 열, 산소등과 접촉하여 산패가 되는 것을 방지한다.

11 일반음식점을 개업하기 위하여 수행하여야 할 사항과 관할 관청은?

① 영업허가 - 지방식품의약품안전청

② 영업신고 - 지방식품의약품안전청

③ 영업허가 - 특별자치도·시·군·구청

④ 영업신고 - 특별자치도·시·군·구청

해설

반드시 **영업허가**를 받아야 하는 업종에는 **식품조사처리업, 단란주점, 유흥주점** 영업 등이 있으나 그 외 일반음식점, 휴게음식점, 위탁급식, 제과점, 즉석판매제조업, 식품소분판매업 등은 특별자치도, 시장, 군수, 구청장에게 영업신고만 하면 되는 업종이다.

08	④	09	①	10	④	11	④

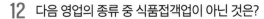

12 다음 영업의 종류 중 식품접객업이 아닌 것은?

① 보건복지부령이 정하는 식품을 제조, 가공 업소 내에서 직접 최종소비자에게 판매하는 영업

② 음식류를 조리, 판매하는 영업으로서 식사와 함께 부수적으로 음주행위가 허용되는 영업

③ 집단급식소를 설치, 운영하는 자와의 계약에 의하여 그 집단급식소 내에서 음식류를 조리하여 제공하는 영업

④ 주로 주류를 판매하는 영업으로서 유흥종사자를 두거나 유흥시설을 설치할 수 있고 노래를 부르거나 춤을 추는 행위가 허용되는 영업

해설

식품접객업에는 휴게음식점영업, 일반음식점영업, 단란주점영업, 유흥주점영업, 위탁급식영업, 제과점영업이 해당한다. **①번의 경우 즉석판매제조가공업으로 식품접객업에 속하지 않는 별도의 영업형태이다.** ②번은 일반음식점영업 ③번은 위탁급식영업, ④번은 유흥주점영업에 대한 설명이다.

13 조리에 사용하는 냉동식품의 특성이 아닌 것은?

① 완만 동결하여 조직이 좋다.

② 미생물 발육을 저지하여 장기간 보존이 가능하다.

③ 저장 중 영양가 손실이 적다.

④ 산화를 억제하여 품질 저하를 막는다.

해설

냉동식품의 경우 -40℃ 이하에서 급속냉동해야 조직 손상을 최소화할 수 있다. 해동 시에는 5~10℃ 냉장온도에서 자연해동(완만해동) 하는 것이 바람직하다.

14 홍조류에 속하며 무기질이 골고루 함유되어 있고 단백질도 많이 함유된 해조류는?

① 김

② 미역

③ 우뭇가사리

④ 다시마

해설

김에 대한 설명이다. 검은색을 띠고 윤기가 나는 것이 좋으며 광선과 수분, 산소 등과 만나면 변질되어 적색을 띠며 맛과 향기가 사라진다.

15 다음의 육류요리 중 영양분의 손실이 가장 적은 것은?

① 탕

② 편육

③ 장조림

④ 산적

해설

산적은 건열조리에 속하며 탕, 편육, 장조림은 물을 넣고 가열하는 습열조리에 속한다. 굽기, 볶기, 튀기기, 부치기 등의 건열조리는 수용성 영양소의 손실이 적고 식품 자체 성분의 용출이 적어서 식품 고유의 맛을 살릴 수 있다.

| 12 | ① | 13 | ① | 14 | ① | 15 | ④ |

16 다음 중 식품의 가공 중에 형성되는 독성 물질은?

① tetrodotoxin

② solanine

③ nitrosoamine

④ trypsin inhibitor

니트로사민(nitrosoamine)은 전구물질인 아질산염과 아민류가 식육 및 어육제품, 유제품, 맥주 등 식품의 가공 중에 반응하여 생성되는 독성 물질이다. ① 테트로도톡신(tetrodotoxin)은 복어독, ② 솔라닌(solanine)은 감자싹에 들어 있는 독성 물질, ④ 트립신 억제제(trypsin inhibitor)는 생콩에 들어 있는 단백질 분해를 방해하여 소화불량을 일으키는 독성 물질이다.

17 사시, 동공확대, 언어장해 등 특유의 신경마비 증상을 나타내며 비교적 높은 치사율을 보이는 식중독 원인균은?

① 황색 포도상구균

② 클로스트리디움 보툴리늄균

③ 병원성 대장균

④ 바실러스 세레우스균

사시, 동공확대, 언어장해 등 특유의 신경마비 증상 → 클로스트리디움 보툴리늄균

Tip! 언어장해, 신경마비로 한번에 발음하기 어려운 클로스트리디움 보툴리늄균!

18 식품위생법상 식품, 식품첨가물, 기구 또는 용기 포장에 기재하는 "표시"의 범위는?

① 문자

② 문자, 숫자

③ 문자, 숫자, 도형

④ 문자, 숫자, 도형, 음향

식품위생법 제10조의 규정상 식품, 식품첨가물, 기구 또는 용기 포장에 기재하는 표시는 문자, 순자, 도형으로 한다.

19 식품접객업소의 조리판매 등에 대한 기준 및 규격에 의한 요리용 칼·도마, 식기류의 미생물 규격은? (단, 사용 중의 것은 제외한다)

① 살모넬라 음성, 대장균 양성

② 살모넬라 음성, 대장균 음성

③ 황색포도상구균 양성, 대장균 음성

④ 황색포도상구균 음성, 대장균 양성

병원성 미생물 검사 시 검출되지 않으면 음성, 검출되면 양성이므로 칼, 도마, 식기류의 미생물 규격은 모두 음성이어야 한다.

| 16 | ③ | 17 | ② | 18 | ③ | 19 | ② |

20 조미의 기본 순서로 가장 옳은 것은?

① 설탕 → 소금 → 식초

② 설탕 → 식초 → 소금

③ 소금 → 식초 → 설탕

④ 식초 → 소금 → 설탕

해설

조미 순서는 침투속도에 따라 설탕 → 소금 → 식초 순으로 한다.

21 소고기의 부위별 용도와 조리법 연결이 틀린 것은?

① 앞다리 - 불고기, 육회, 장조림

② 설도 - 탕, 샤브샤브, 육회

③ 목심 - 불고기, 국거리

④ 우둔 - 산적, 장조림, 육포

해설

설도는 소 뒷다리 쪽 부위로 지방질이 적고 고기의 결이 굵어 육회와 산적, 장조림, 육포 등의 용도로 쓰인다. 샤브샤브에는 주로 채끝이나 등심이 이용되며 탕에는 양지나 사태, 갈비를 이용한다.

22 폐기율이 20%인 식품의 출고계수는 얼마인가?

① 0.5

② 1

③ 1.25

④ 2.0

해설

$$출고계수 = \frac{100}{100-폐기율} = \frac{100}{가식부율(\%)}$$

$$출고계수 = \frac{100}{100-20} = \frac{100}{80} = 1.25$$

23 다음 중 계량방법이 잘못된 것은?

① 저울은 수평으로 놓고 눈금은 정면에서 읽으며 바늘은 0에 고정시킨다.

② 가루 상태의 식품은 계량기에 꼭꼭 눌러 담은 다음 윗면이 수평이 되도록 스파튤러로 깎아서 잰다.

③ 액체식품은 투명한 계량 용기를 사용하여 계량컵의 눈금과 눈높이를 맞추어서 계량한다.

④ 된장이나 다진 고기 등의 식품재료는 계량 기구에 눌러 담아 빈 공간이 없도록 채워서 깎아 잰다.

해설

가루 상태 재료의 계량은 체로 쳐서 가만히 수북하게 담아 주걱으로 깎아 측정한다.
체로 치지 않고 그대로 담거나, 절대로 흔들거나, 꼭꼭 누르지 않는다.

| 20 | ① | 21 | ② | 22 | ③ | 23 | ② |

24 철과 마그네슘을 함유하는 색소를 순서대로 나열한 것은?

① 안토시아니, 플라보노이드

② 미오글로빈, 카로티노이드

③ 클로로필, 안토시아닌

④ 미오글로빈, 클로로필

해설

철(Fe)을 함유하는 색소 : 미오글로빈(동물의 근육색소)
마그네슘(Mg)을 함유하는 색소 : 클로로필(식물의 엽록소(葉綠素))

25 햇볕에 노출하여 자외선을 쪼이게 되면 피부에서 합성되는 비타민은?

① 비타민 A

② 비타민 B

③ 비타민 C

④ 비타민 D

해설

비타민 D는 햇볕에 노출하여 자외선을 쪼이게 되면 피부에서 합성되며 결핍 시 구루병의 위험이 있다.

26 주방의 바닥 조건으로 맞는 것은?

① 산이나 알칼리에 약하고 습기, 열에 강해야 한다.

② 바닥 전체의 물매는 1/20이 적당하다.

③ 조리작업을 드라이 시스템화할 경우의 물매는 1/100 정도가 적당하다.

④ 고무타일, 합성수지타일 등이 잘 미끄러지지 않으므로 적당하다.

해설

주방의 바닥은 산이나 알칼리에 강해야 하며, 일반적인 물매는 1/100이 적합하다.

27 매월 고정적으로 포함해야 하는 경비는?

① 지급운임

② 감가상각비

③ 복리후생비

④ 수당

해설

감가상각비는 임대료, 급여, 세금, 보험료 등과 함께 생산량 증가와 관계없이 발생하는 확실한 고정비이다. 지금운임, 복리후생비, 수당은 생산량에 따라 변동하는 변동비의 성격을 가지고 있다.

28 서양요리 조리방법 중 습열조리와 거리가 먼 것은?

① 브로일링(Broiling)

② 스티밍(Steaming)

③ 보일링(Boiling)

④ 시머링(Simmering)

해설

브로일링은 직접열을 가하여 굽는 건열조리법으로 그릴링(grilling)과 비슷하면서도 그릴 팬(grill pan) 속에 석쇠모양의 거치대를 놓고 그 위에 음식을 놓아 위에서 아래로 복사되는 열을 이용하여 굽는다. 스티밍, 보일링, 시머링은 모두 습열조리법이다.

| 24 | ④ | 25 | ④ | 26 | ④ | 27 | ② | 28 | ① |

29 다음은 간장의 재고 대상이다. 간장의 재고가 10병일 때 선입선출법에 의한 간장의 재고자산은 얼마인가?

① 25,500원

② 26,000원

③ 32,500원

④ 31,500원

해설

선입선출법(FIFO)에 의한 재고자산 평가는 먼저 입고된 제품이 먼저 출고된 것으로 처리하므로 남아 있는 간장 10병은 27일 입고된 단가 3,500원 3병과 20일 입고된 단가 3,000원 7병에 해당한다. 따라서 이를 재고자산으로 평가하여 계산하면 결과는 아래와 같다.

(3500×3) + (3000×7) = 31,500원

30 식품원가율을 40%로 정하고 햄버거의 1인당 식품 단가를 1,000원으로 할 때 햄버거의 판매 가격은?

① 4,000원

② 2,500원

③ 2,250원

④ 1,250원

해설

식품의 원가율이란 판매 가격(단가)에서 식품단가가 차지하는 비율을 뜻하므로

$$40\% = \frac{1000}{판매가격} \quad 판매가격 = \frac{1000}{0.4} = 2,500원$$

초빈출

31 육류를 가열조리 할 때 일어나는 변화로 옳은 것은?

① 보수성의 증가

② 단백질의 변패

③ 육단백질의 응고

④ 미오글로빈이 옥시미오글로빈으로 변화

해설

육류 가열 조리 시 현상

• 육단백질(미오겐, 미오신) 응고가 일어난다.
• 열에 의한 수축으로 보수성 감소, 중량 감소
• 풍미와 소화성 향상, 비타민 손실
• 콜라겐이 젤라틴으로 변하여 육류 연화 작용(75~80℃)

32 육류 조리 시 열에 의한 변화로 맞는 것은?

① 불고기는 열의 흡수로 부피가 증가한다.

② 스테이크는 가열하면 질겨져서 소화가 잘되지 않는다.

③ 미트로프(meatloaf)는 가열하면 단백질이 응고, 수축, 변성된다.

④ 쇠꼬리의 젤라틴이 콜라겐화된다.

해설

미트로프는 육류를 잘게 썰거나 다진 것을 빵 모양으로 만들어 구운 요리를 뜻하며 주재료인 육류는 가열 시 육단백질(미오겐, 미오신) 변성, 수축, 응고가 일어난다.

| 29 | ④ | 30 | ② | 31 | ③ | 32 | ③ |

33 인수공통감염병으로 그 병원체가 세균인 것은?

① 일본뇌염

② 공수병

③ 광견병

④ 결핵

해설

결핵은 Mycobacterium tuberculosis complex(결핵균)이라는 세균에 의해 발생하는 인수공통감염병이다.

34 만성감염병과 비교할 때 급성감염병의 역학적 특성은?

① 발생률은 낮고 유병률은 높다.

② 발생률은 높고 유병률은 낮다.

③ 발생률과 유병률이 모두 높다.

④ 발생률과 유병률이 모두 낮다.

해설

급성감염병은 발생률은 높고 유병률은 낮다. 유병률이란 한 시점에 특정지역에서 질병을 가지고 있는 인구의 수의 비율을 말한다. "급성"이므로 빨리 왔다 빨리 간다고 생각하면 쉽다.

35 중금속과 중독 증상의 연결이 잘못된 것은?

① 카드뮴 - 신장기능 장애

② 크롬 - 비중격천공

③ 수은 - 홍독성 홍분

④ 납 - 섬유화 현상

해설

중금속인 납에 중독되면 식욕부진, 만성피로, 변비, 복부 팽만 등의 증상이 나타난다. 섬유화 현상은 폐나 간 등의 신체 장기가 딱딱하게 굳는 현상을 말한다.

36 4대 온열요소에 속하지 않은 것은?

① 기류   ② 기압

③ 기습   ④ 복사열

해설

4대 온열요소 : 기온, 기습, 기류, 복사열

37 소음의 측정단위인 데시벨(dB)은?

① 음의 강도   ② 음의 질

③ 음의 파장   ④ 음의 전파

해설

데시벨(dB : Decibels)은 상대적인 소리의 강도(Sound Intensity)를 뜻한다.

| 33 | ④ | 34 | ② | 35 | ④ | 36 | ② | 37 | ① |

38 인구정지형으로 출생률과 사망률이 모두 낮은 인구형은?

① 피라미드형　　　② 별형
③ 항아리형　　　　④ 종형

 해설

인구 피라미드 모형 중 종형은 출생률과 사망률이 모두 낮아 인구가 정체된 상태를 의미한다. 항아리형은 사망률보다 큰 폭으로 출생률이 감소하여 인구가 감소하는 형태이다.

피라미드형　종형　항아리형　별형　표주박형

39 눈 보호를 위해 가장 좋은 인공조명 방식은?

① 직접조명　　　　② 간접조명
③ 반직접조명　　　④ 전반확산조명

 해설

눈 보호에 가장 좋은 인공조명 방식은 간접조명 방식이다.

40 세균성 식중독 중 독소형은?

① 살모넬라 식중독
② 장염비브리오 식중독
③ 포도상구균 식중독
④ 후천성면역결핍증(AIDS)

해설

세균성 식중독의 종류

감염형 식중독	병원성 대장균, 장염비브리오 식중독, 살모넬라 식중독
독소형 식중독	황색포도상구균, 클로스트리디움 보툴리눔 식중독

41 곰팡이에 의해 생성되는 독소가 아닌 것은?

① 아플라톡신
② 시트리닌
③ 엔테로톡신
④ 파툴린

 해설

엔테로톡신(enterotoxin)은 포도상구균이 식품 속에서 증식할 때 만들어 내는 내열성 장내독소(腸內毒素), 장독소를 뜻한다.

42 사람이 평생 동안 매일 섭취하여도 아무런 장해가 일어나지 않는 최대량으로 1일 체중 kg당 mg수로 표시하는 것은?

① 최대무작용량(NOEL)
② 1일 섭취 허용량(ADI)
③ 50% 치사량(LD_{50})
④ 50% 유효량(ED_{50})

 해설

1일 섭취 허용량은 Acceptable Daily Intake의 약자로 1961년 세계보건기구(WHO)와 유엔 식량농업기구(FAO)가 개최한 '국제 식품첨가물 세미나'에서 독성학적으로 의미 있는 효과를 일으키지 않은 양을 정해 이를 1일 기준 단위로 표시하기로 약속했다.

38	④	39	②	40	③	41	③	42	②

43 생육이 가능한 최저 수분활성도가 가장 높은 것은?

① 내건성포자

② 세균

③ 곰팡이

④ 효모

해설

일반적인 최저 수분활성도(Aw)는 세균 0.9, 효모 0.88, 곰팡이 0.8 정도로 세균이 가장 높다.

Tip! 세효곰 순이다.

44 식품에 다음과 같은 현상이 나타났을 때 품질 저하와 관계가 먼 것은?

① 생선의 휘발성 염기질소량 증가

② 콩단백질의 금속염에 의한 응고 현상

③ 쌀의 황색 착색

④ 어두운 곳에서 어육연제품의 인광 발생

해설

② 콩단백질의 금속염에 의한 응고 현상은 두부 제조의 핵심 공정으로 2가 금속염 또는 산을 대두 단백질에 첨가하여 망상구조를 형성시켜 수분을 포집하는 과정으로 품질 저하와는 관계가 멀다.

45 다음 중 내인성 위해 식품은?

① 지나치게 구운 생선

② 푸른곰팡이에 오염된 쌀

③ 싹이 튼 감자

④ 농약을 많이 뿌린 채소

해설

내인성 위해 식품이란 동물성 또는 식물성의 자연식품에 존재하는 고유의 독성 성분이다.
싹이 튼 감자는 독소성분인 솔라닌이 들어있으므로 내인성 위해 식품이라 할 수 있다.

46 맥각중독을 일으키는 원인물질은?

① 루브라톡신(rubratoxin)

② 오크라톡신(ochratoxin)

③ 에르고톡신(ergotoxin)

④ 파툴린(patulin)

해설

에르고톡신 → 맥각중독

① 루브라톡신(rubratoxin) : 곰팡이 독소로 신장 및 간독소

② 오크라톡신(ochratoxin) : 곰팡이 독소로 곡류나 사료의 저장 중 생성되며 신장 및 간에 영향

④ 파툴린(patulin) : 저장 사과에 썩음병을 일으키는 곰팡이 독소

| 43 | ② | 44 | ② | 45 | ③ | 46 | ③ |

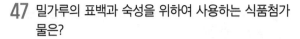

47 밀가루의 표백과 숙성을 위하여 사용하는 식품첨가물은?

① 유화제 ② 개량제

③ 팽창제 ④ 점착제

해설

밀가루 표백과 숙성 → 개량제

48 60℃에서 30분간 가열하면 식품 안전에 위해가 되지 않는 세균은?

① 살모넬라균

② 클로스트리디움 보툴리늄균

③ 황색포도상구균

④ 장구균

해설

살모넬라균은 60℃에서 30분간 가열하면 모두 죽는다. 하지만 클로스트리디움 보툴리늄균은 열에 강한 아포를 생성하며 황색포도상구균은 80℃에서 30분간 가열하면 죽지만 생성되는 장독소(엔테로톡신, Enterotoxin)는 100℃에서 30분간 가열해도 죽지 않는다. 장구균 또한 60℃에서 30분간 가열 시에도 죽지 않는다.

49 식품첨가물과 사용목적을 표시한 것 중 잘못된 것은?

① 글리세린 - 용제

② 초산비닐수지 - 껌기초제

③ 탄산암모늄 - 팽창제

④ 규소수지 - 이형제

해설

규소수지는 거품제거나 감소를 목적으로 사용한다.
규소수지 → 소포제(消泡劑)

50 카드뮴이나 수은 등의 중금속 오염 가능성이 가장 큰 식품은?

① 육류 ② 어패류

③ 식용유 ④ 통조림

해설

어패류 섭취 시 카드뮴이나 수은 등의 중금속 오염 가능성이 가장 크다.

51 초기에 두통, 구토, 설사 증상을 보이다가 심하면 실명을 유발하는 것은?

① 아우라민 ② 메탄올

③ 무스카린 ④ 에르고타민

해설

메탄올은 몸속에서 산화효소에 의해 단백질 변성을 일으키는 포름알데히드(formaldehyde)와 세포의 에너지 대사를 차단하여 독성작용을 일으키는 포름산(formic acid)으로 분해된다. 메탄올을 15㎖를 음용하면 실명할 수 있고, 60~240㎖를 섭취하면 사망할 수 있다.

52 어육의 초기 부패 시에 나타나는 휘발성 염기질소의 양은?

① 5~10㎎%

② 15~25㎎%

③ 30~40㎎%

④ 50㎎% 이상

해설

보통 신선한 어육의 휘발성 염기질소량은 5~10㎎%이지만, 초기 부패어육은 30~40㎎%, 완전히 부패한 어육은 50㎎% 이상이다.

| 47 | ② | 48 | ① | 49 | ④ | 50 | ② | 51 | ② | 52 | ③ |

53 경구감염병과 세균성 식중독의 주요 차이점에 대한 설명으로 옳은 것은?

① 경구감염병은 다량의 균으로, 세균성 식중독은 소량의 균으로 발병한다.

② 세균성 식중독은 2차 감염이 많고, 경구감염병은 거의 없다.

③ 경구감염병은 면역성이 없고, 세균성 식중독은 있는 경우가 많다.

④ 세균성 식중독은 잠복기가 짧고, 경구감염병은 일반적으로 길다.

경구감염병과 세균성 식중독의 특징

경구감염병 [장티푸스, 콜레라]	세균성 식중독 [살모넬라균, 병원성대장균, 장염비브리오균]
소량의 균으로도 발병	다량의 균으로 발병
2차감염 빈번히 발생	2차감염 없음
잠복기간이 길다	잠복기간이 짧다
면역성 있다(백신으로 예방)	면역성 없다

54 중금속에 대한 설명으로 옳은 것은?

① 비중이 4.0 이하의 금속을 말한다.

② 생체기능 유지에 전혀 필요하지 않다.

③ 다량이 축적될 때 건강장해가 일어난다.

④ 생체와의 친화성이 거의 없다.

중금속은 비중이 4.5 이상인 금속류를 말하며 아연, 철, 구리 및 코발트 등 생물체가 정상적인 생체기능 유지에 꼭 필요한 것도 있다. 일반적으로 생체 친화성이 뛰어나 체내에서 잘 분해되지 않고 몸밖으로 빨리 배출되지 않는다. 간장, 신장 등의 장기나 뼈에 장기간 축적되어 중독 등 건강장해를 일으키기도 한다.

55 과채류의 품질유지를 위한 피막제로만 사용되는 식품첨가물은?

① 실리콘수지

② 몰포린지방산염

③ 인산나트륨

④ 만니톨

몰포린지방산염 과채류 피막제로만 쓰인다. 인산나트륨은 피막제 뿐만 아니라 세척보조제, 안정제, 분산제 등 다양한 용도로 쓰인다. 만니톨은 감미료로 사용된다. 실리콘수지는 코팅이나 페인팅 용도로 사용되며 식품용으로 부적합하다.

56 덩어리 육류를 건열로 표면에 갈색이 나도록 구워 내부의 육즙이 나오지 않게 한 후 소량의 물, 우유와 함께 습열조리하는 것은?

① 브레이징(braising)

② 스튜잉(stewing)

③ 브로일링(broiling)

④ 로스팅(roasting)

해설

브레이징에 대한 설명이다.

53	④	54	③	55	②	56	①

57 원가의 구성으로 옳은 것은?

① 판매가격 = 이익 + 제조원가

② 직접원가 = 직접재료비 + 직접노무비 + 직접경비

③ 총원가 = 제조간접비 + 직접원가

④ 제조원가 = 판매경비 + 일반관리비 + 제조간접비

 해설

② 직접원가 = 직접재료비 + 직접노무비 + 직접경비

Tip! 직접원가는 **노재경** 부장님이 관리하신다.

58 부패가 진행됨에 따라 식품은 특유의 부패취를 내는데 그 성분이 아닌 것은?

① 인돌   ② 황화수소

③ 아세톤   ④ 휘발성 아민

 해설

부패는 혐기성 세균에 의해 유기물이 악취를 내며 분해하는 현상이며 인돌, 황화수소, 휘발성 아민은 모두 특유의 부패악취 성분이다. 아세톤은 아세틸렌을 녹여 저장하는 용도로 도료제작의 용매로 쓰이거나 유기합성 원료로 사용된다.

59 산소가 없거나 있어도 미량일 때 생육가능한 균을 무엇이라고 하는가?

① 편성혐기성균   ② 통성호기성균

③ 편성호기성균   ④ 통성혐기성균

 해설

산소의 유무에 관계없이 생육가능한 세균을 통성혐기성균이라고 하고, 산소가 있으면 생육이 불가능한 세균을 편성혐기성균이라 한다.

60 다음 중 영양사의 직무가 아닌 것은?

① 식단 작성

② 검수식품의 수거 지원

③ 식품의 검수

④ 배식관리 및 검식

 해설

식품의 수거 지원은 식품위생감시원의 직무이지 영양사의 직무가 아니다.

| 57 | ② | 58 | ③ | 59 | ④ | 60 | ② |

최신 CBT 복원 실전모의고사 2회

01 고기의 질긴 결합조직 부위를 물과 함께 장시간 끓였을 때 연해지는 이유는?

① 엘라스틴이 알부민으로 변화되어 용출되어서
② 엘라스틴이 젤라틴으로 변화되어 용출되어서
③ 콜라겐이 알부민으로 변화되어 용출되어서
④ 콜라겐이 젤라틴으로 변화되어 용출되어서

 해설

육류를 물과 함께 가열하면 결합조직인 콜라겐이 젤라틴으로 변화되어 용출되면서 고기가 연해진다.

02 어류의 사후강직에 대한 설명으로 틀린 것은?

① 자기소화가 일어나면 풍미가 저하된다.
② 보통 사후 12~14시간 동안 가장 단단한 상태가 된다.
③ 담수어의 경우 체내 효소 작용으로 해수어보다 부패속도가 빠르다.
④ 붉은살 생선이 흰살 생선보다 강직이 빨리 시작된다.

 해설

보통 사후 1시간에서 4시간 동안 가장 단단한 상태가 된다.

03 고기를 연화시키려고 생강, 키위, 무화과 등을 사용할 때 관련된 설명으로 틀린 것은?

① 단백질의 분해를 촉진시켜 연화시키는 방법이다.
② 두꺼운 로스트용 고기에 적당하다.
③ 즙을 뿌린 후 포크로 찔러주고 일정시간 둔다.
④ 가열 온도가 85℃ 이상이 되면 효과가 없다.

 해설

생강에는 디아스타제, 키위에는 엑티니딘, 무화과에는 피신이라는 단백질 분해 효소가 들어 있어 육류 연화 시 사용된다. 하지만 너무 두꺼우면 효소액 침투가 잘 되지 않으므로 두꺼운 로스트용 고기에는 부적당하다.

04 대상집단의 조직체가 급식운영을 직접 하는 형태는?

① 준위탁급식
② 위탁급식
③ 직영급식
④ 협동조합급식

 해설

대상집단의 조직체가 직접 급식운영을 하는 형태는 직영급식이다.

| 01 | ④ | 02 | ② | 03 | ② | 04 | ③ |

05 숙성에 의해 품질향상 효과가 가장 큰 것은?

① 생선
② 조개
③ 쇠고기
④ 오징어

해설

소고기는 도축 직후 사후강직으로 조직이 딱딱하고 기호성도 떨어지지만, 분할하여 0~5℃ 가량 얼지 않는 온도에서 저장 보관하는 숙성의 과정을 거치게 되면, 사후강직이 차츰 풀려 조직이 연해지고 보수력이 향상되며 풍미도 좋아진다.

06 식품의 성분을 일반성분과 특수성분으로 나눌 때 특수성분에 해당하는 것은?

① 탄수화물
② 향기성분
③ 단백질
④ 무기질

해설

식품학에서 말하는 식품의 일반성분이란 단백질, 지방, 탄수화물, 비타민, 무기질을 뜻하며, 특수성분은 색깔, 냄새, 맛, 효소 등을 의미한다.

07 미생물의 생육에 필요한 수분활성도의 크기로 옳은 것은?

① 세균 > 효모 > 곰팡이
② 곰팡이 > 세균 > 효모
③ 효모 > 곰팡이 > 세균
④ 세균 > 곰팡이 > 효모

해설

일반적인 최저 수분활성도(Aw)는 세균 0.9, 효모 0.88, 곰팡이 0.8 순이다. 세균이 가장 높다.

Tip! 세효곰

08 생선묵의 점탄성을 부여하기 위해 첨가하는 물질은?

① 소금
② 전분
③ 설탕
④ 술

해설

생선묵의 점탄성을 부여하기 위해 전분을 첨가한다.

09 젓갈의 숙성에 대한 설명으로 틀린 것은?

① 농도가 묽으면 부패하기 쉽다.
② 새우젓의 소금 사용량은 60% 정도가 적당하다.
③ 자기소화 효소작용에 의한 것이다.
④ 호염균의 작용이 일어날 수 있다.

해설

새우젓의 소금 사용량은 20~40%가 적당하다. 호염균은 염분의 농도가 높은 곳에서 번식하는 세균을 말한다.

| 05 | ③ | 06 | ② | 07 | ① | 08 | ② | 09 | ② |

10 쌀의 도정도가 증가할 때 나타나는 현상은?

① 빛깔이 좋아진다.

② 조리시간이 증가한다.

③ 소화율이 낮아진다.

④ 영양분이 증가한다.

해설

현미의 과종피, 배아, 배유부의 3부분 중 과종피와 배유부 중간의 호분층을 제거하고 배아 일부와 배유부를 남기는 작업을 도정이라 한다. 이때 과종피(겨층)를 벗겨내는 정도를 도정도라 하는데 도정도가 증가할수록 빛깔이 좋아지고 조리시간이 단축되며, 소화율은 증가하나 영양분은 감소한다.

11 검정콩밥을 섭취하면 쌀밥을 먹었을 때보다 쌀에서 부족한 어떤 영양소를 보충할 수 있는가?

① 단백질

② 탄수화물

③ 지방

④ 비타민

해설

검정콩에는 단백질과 섬유질이 풍부하여 쌀에서 부족한 단백질을 보충할 수 있다.

12 1g당 발생하는 열량이 가장 큰 것은?

① 당질

② 단백질

③ 지방

④ 알코올

해설

탄수화물, 단백질은 1g당 4kcal의 열량을 내며, 알코올 1g은 7kcal, 지방 1g은 9kcal의 열량을 낸다.

Tip! 탄단알지4479

13 클로로필(chlorophyll)에 관한 설명으로 틀린 것은?

① 포르피린환(porphyrin ring)에 구리(Cu)가 결합되어 있다.

② 김치의 녹색이 갈변하는 것은 발효 중 생성되는 젖산 때문이다.

③ 산성식품과 같이 끓이면 갈색이 된다.

④ 알칼리 용액에서는 청록색을 유지한다.

해설

클로로필(엽록소)의 포르피린환 구조로 중심원소는 구리가 아니라 마그네슘(Mg)이다.

| 10 | ① | 11 | ① | 12 | ③ | 13 | ① |

14 지방의 경화에 대한 설명으로 옳은 것은?

① 물과 지방이 서로 섞여 있는 상태이다.

② 불포화 지방산에 수소를 첨가하는 것이다.

③ 기름을 7.2℃까지 냉각시켜서 지방을 여과하는 것이다.

④ 반죽 내에서 지방층을 형성하여 글루텐 형성을 막는 것이다.

해설

식품 제조에서는 불포화 지방산에 수소를 첨가하여 지방산 사슬의 열린 고리에 수소 원자를 결합시켜 지방을 경화시킨다.

15 아린 맛은 어느 맛의 혼합인가?

① 신맛과 쓴맛

② 쓴맛과 단맛

③ 신맛과 떫은맛

④ 쓴맛과 떫은맛

해설

아린 맛은 쓴맛과 떫은맛의 혼합이다.

16 중성지방의 구성 성분은?

① 탄소와 질소

② 아미노산

③ 지방산과 글리세롤

④ 포도당과 지방산

해설

중성지방은 3분자의 지방산과 1분자의 글리세롤 결합으로 구성되어 있다.

17 밀의 주요 단백질이 아닌 것은?

① 알부민(albumin)

② 글리아딘(gliadin)

③ 글루테닌(glutenin)

④ 덱스트린(dextrin)

해설

밀의 주요 단백질에는 알부민, 글로불린, 글리아딘, 글루테닌, 프로테아제가 있으며 그중 글루아딘과 글루테닌으로 이루어진 글루텐 단백질이 80% 이상을 차지한다.

18 모성사망률에 관한 설명으로 옳은 것은?

① 임신, 분만, 산욕과 관계되는 질병 및 합병증에 의한 사망률

② 임신 4개월 이후의 사태아 분만율

③ 임신 중에 일어난 모든 사망률

④ 임신 28주 이후 사산과 생후 1주 이내 사망률

해설

모성사망률이란 15~49세 가임기 여성 수에 대한 모성사망 수로 출산과 관계없이 가임기 여성의 모성사망 위험지표로 임신, 분만, 산욕과 관계되는 질병 및 합병증에 의한 사망률

| 14 | ② | 15 | ④ | 16 | ③ | 17 | ④ | 18 | ① |

19 열작용을 갖는 특징이 있어 일명 열선이라고도 하는 복사선은?

① 자외선

② 가시광선

③ 적외선

④ X-선

적외선은 눈에 보이지 않지만 열작용 효과가 커서 다른 물체에 열을 전달해 준다.

20 마이야르(Maillard) 반응에 영향을 주는 인자가 아닌 것은?

① 수분

② 온도

③ 당의 종류

④ 효소

마이야르 반응은 환원당과 단백질 구성 성분인 아미노산이 반응하여 음식의 색깔이나 향을 만들어내는 화학작용으로 수분과 온도, 그리고 당의 종류 또는 당과 반응하는 아미노기의 종류에 따라 다양한 향미효과가 나타난다.

21 동물이 도축된 후 화학변화가 일어나 근육이 긴장되어 굳어지는 현상은?

① 사후경직

② 자기소화

③ 산화

④ 팽화

해설

도축 후 육고기의 글리코겐이 혐기적 상태에서 젖산을 생성하여 pH가 저하되고 근육이 굳어지는 현상으로, 사후경직 시기에는 보수성이 저하되고 육즙이 많이 유출되지만 저장 숙성 시 자기분해효소인 카텝신(cathepsin)에 의해 점점 연해지고 맛이 좋아지게 된다.

22 뜨거워진 공기를 팬(fan)으로 강제 대류시켜 균일하게 열이 순환되므로 조리시간이 짧고 대량조리에 적당하나 식품표면이 건조해지기 쉬운 조리기기는?

① 틸팅튀김팬(tilting fry pan)

② 튀김기(fryer)

③ 증기솥(steam kettles)

④ 컨벡션 오븐(convection oven)

해설

컨벡션 오븐은 기본 오븐에 팬이 추가되어 강제로 뜨거운 공기를 대류시켜 균일하게 열을 순환시킬 수 있다.

| 19 | ③ | 20 | ④ | 21 | ① | 22 | ④ |

23 다음 중 비타민 D의 전구물질로 프로비타민 D로 불리는 것은?

① 프로게스테론

② 에르고스테롤

③ 스티그마테롤

④ 시토스테롤

해설

에르고스테롤(Ergosterol)은 비타민 D의 프로비타민 형태로 자외선에 노출되면 화학 반응이 일어나 비타민 D가 생성된다. 에르고스테롤이 풍부한 식품에는 표고버섯, 목이버섯 등이 있다.

24 덩어리 육류를 건열로 표면에 갈색이 나도록 구워 내부의 육즙이 나오지 않게 한 후 소량의 물, 우유와 함께 습열조리하는 것은?

① 브레이징(braising)

② 스튜잉(stewing)

③ 브로일링(broiling)

④ 로스팅(roasting)

해설

브레이징 : 건열로 표면을 갈색이 나도록 굽기 → 소량의 우유와 습열조리

25 다음 중 물에 녹는 수용성 비타민은?

① 레티놀

② 토코페롤

③ 칼시페롤

④ 리보플라빈

해설

• 수용성 비타민 : 비타민 B, C
  [리보플라빈은 비타민 B2이다]

• 지용성 비타민 : 비타민 A, D, E, K
  [레티놀은 비타민 A, 토코페롤은 비타민 E의 일종이며 칼시페롤은 비타민 D2이다.]

26 지용성 비타민과 그 결핍증의 연결이 바르지 못한 것은?

① 비타민 A - 안구건조증, 안염, 각막 연화증

② 비타민 D - 골연화증, 유아발육 부진

③ 비타민 K - 불임증, 근육 위축증

④ 비타민 F - 피부염, 성장정지

해설

불임증, 근육 위축증 등의 결핍증상이 나타나는 것은 비타민 E이다.

비타민 K 결핍 시에는 장출혈 및 지혈장애가 발생한다.

| 23 | ② | 24 | ① | 25 | ④ | 26 | ③ |

27 과일 잼 가공 시 펙틴은 주로 어떤 역할을 하는가?

① 신맛 증가

② 색소 보존

③ 향미 보존

④ 구조 형성

해설

젤라틴이 동물성 천연 응고제라면 펙틴은 과일이나 야채에서 나온 천연 응고제이다. 펙틴으로 인해 과일 잼의 저장성이 향상되고 젤리화가 이루어진다.

28 미생물을 이용하여 제조하는 식품이 아닌 것은?

① 김치

② 고추장

③ 치즈

④ 잼

해설

김치, 고추장, 치즈는 미생물을 통한 유익한 변화인 발효를 통해 제조하는 식품이나 잼은 과육을 이용하여 설탕을 넣고 농축하여 젤리화한 것으로 미생물 이용과는 거리가 멀다.

29 녹색 채소를 데칠 때 소다를 넣을 경우 나타나는 현상이 아닌 것은?

① 채소의 질감이 유지된다.

② 채소의 색을 푸르게 고정시킨다.

③ 비타민 C가 파괴된다.

④ 채소의 섬유질을 연화시킨다.

해설

녹색 채소를 데칠 때 알칼리성인 식소다를 첨가하면 클로로필의 퇴색을 막아 녹색이 푸르게 고정되지만, 섬유소가 가수분해되어 조직을 연화시켜 채소의 질감을 손상시키고, 비타민 B1, B2, C가 파괴되는 단점이 있다.

30 식당의 원가 요소 중 급식재료비에 속하는 것은?

① 급료

② 조리 제식품비

③ 수도 광열비

④ 연구 재료비

해설

조리 제식품비는 급식재료비에 속하나 급료는 직접노무비, 수도광열비는 간접경비, 연구 재료비는 직접경비에 속한다.

| 27 | ④ | 28 | ④ | 29 | ① | 30 | ② |

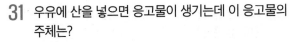

31 우유에 산을 넣으면 응고물이 생기는데 이 응고물의 주체는?

① 유당

② 레닌

③ 카제인

④ 유지방

해설

우유에 산을 가하면 pH가 낮아져 양전하를 가진 칼슘 이온이 떨어져 나가고 수소이온이 카제인과 결합하여 응고물로 침전하게 된다.

32 식물성 유지가 아닌 것은?

① 올리브유

② 면실유

③ 피마자유

④ 버터

해설

버터는 우유의 지방성분을 모아 응고시킨 것으로 동물성 유지이다.

33 채소 조리 시 색의 변화로 맞는 것은?

① 시금치는 산을 넣으면 녹황색으로 변한다.

② 당근은 산을 넣으면 퇴색된다.

③ 양파는 알칼리를 넣으면 백색으로 된다.

④ 가지는 산에 의해 청색으로 된다.

해설

시금치 등 녹색 채소의 엽록소는 산과 만나면 녹황색을 띤다. 당근과 가지에는 수용성인 안토시아닌계 색소가 포함되어 있어 알칼리나 금속과 반응하면 적색이 자색으로 변한다. 따라서 조리할 때 뚜껑을 덮어 조리하고 색 안정을 위해 레몬즙이나 식초를 약간 넣은 것이 좋다. 양파는 알칼리를 넣으면 노란색으로 된다.

34 우유의 카제인을 응고시킬 수 있는 것으로 되어 있는 것은?

① 탄닌 - 레닌 - 설탕

② 식초 - 레닌 - 탄닌

③ 레닌 - 설탕 - 소금

④ 소금 - 설탕 - 식초

해설

카제인은 응유효소인 레닌과 과일 등의 페놀화합물인 탄닌, 그리고 산성인 식초로 응고시킬 수 있다.

Tip! 카제인 응고에는 식닌닌!

| 31 | ③ | 32 | ④ | 33 | ① | 34 | ② |

35 다음 중 일반적으로 폐기율이 가장 높은 식품은?

① 살코기　　　　　② 달걀

③ 생선　　　　　　④ 곡류

 해설

생선의 폐기율은 약 30~50%로 일반적으로 폐기율이 높다. 달걀 16%, 돼지고기 23%, 곡류와 채소 대부분 10% 미만이다.

36 식품과 유지의 특성이 잘못 짝지어진 것은?

① 버터크림 - 크리밍성

② 쿠키 - 점성

③ 마요네즈 - 유화성

④ 튀김 - 열매체

 해설

쿠키에 사용되는 유지는 버터, 마가린, 쇼트닝 등으로 점성보다는 모양을 만들고 유지시키는 가소성(可塑性)의 특성이 있다.

37 습열 조리법으로 조리하지 않는 것은?

① 편육　　　　　　② 장조림

③ 불고기　　　　　④ 꼬리곰탕

해설

불고기는 가열된 금속의 표면에서 간접적으로 불에 쬐어 굽는 방식으로 조리하므로 건열조리에 속한다.

38 노화가 잘 일어나는 전분은 다음 중 어느 성분의 함량이 높은가?

① 아밀로오스(amylose)

② 아밀로펙틴(amylopectin)

③ 글리코겐(glycogen)

④ 한천(agar)

 해설

전분은 물에 잘 녹지 않는 아밀로오스와 잘 녹는 아밀로펙틴으로 이루어져 있으며 전분의 노화는 아밀로오스의 순간적인 핵 형성에 따른 막대기 모양의 결정성장이 원인으로 아밀로오스 성분의 함량이 높을수록 노화가 빠르다.

39 조리 시 센 불로 가열한 후 약한 불로 세기를 조절하지 않는 것은?

① 생선조림

② 된장찌개

③ 밥

④ 새우튀김

 해설

생선조림, 된장찌개, 밥 등은 센 불로 가열 후 약불로 줄여 조리해야 하지만, 새우튀김의 경우 기름 온도 150~180℃ 정도를 일정하게 유지하는 게 좋다.

35	③	36	②	37	③	38	①	39	④

40 다음 중 원가의 구성으로 틀린 것은?

① 직접원가 = 직접재료비 + 직접노무비 + 직접경비

② 제조원가 = 직접원가 + 제조간접비

③ 총원가 = 제조원가 + 판매경비 + 일반관리비

④ 판매가격 = 총원가 + 판매경비

 해설

판매가격은 총원가 + 이익으로 구성된다.

41 버터나 마가린의 계량방법으로 가장 옳은 것은?

① 냉장고에서 꺼내어 계량컵에 눌러 담은 후 윗면을 직선으로 된 칼로 깎아 계량한다.

② 실온에서 부드럽게 하여 계량컵에 담아 계량한다.

③ 실온에서 부드럽게 하여 계량컵에 눌러 담은 후 윗면을 직선으로 된 칼로 깎아 계량한다.

④ 냉장고에서 꺼내어 계량컵의 눈금까지 담아 계량한다.

 해설

가루류의 경우 눌러 담지 않지만 버터나 마가린은 실온에서 부드럽게 하여 계량컵에 눌러 담은 후 윗면을 직선으로 된 칼로 깎아 계량한다.

42 조리대 배치형태 중 환풍기와 후드의 수를 최소화할 수 있는 것은?

① 일렬형

② 병렬형

③ ㄷ자형

④ 아일랜드형

 해설

아일랜드형 조리대는 공간활용에 유리하고 동선을 단축할 수 있으며, 환풍기와 후드 수를 최소화할 수 있다.

43 냉동식품의 조리에 대한 설명 중 틀린 것은?

① 쇠고기의 드립(drip)을 막기 위해 높은 온도에서 빨리 해동하여 조리한다.

② 채소류는 가열처리가 되어 있어 조리하는 시간이 절약된다.

③ 조리된 냉동식품은 녹기 직전에 가열한다.

④ 빵, 케익은 실내 온도에서 자연해동한다.

 해설

드립(drip)이란 육즙이 외부 환경조건에 의해 육류 밖으로 유출되는 현상으로 고기를 냉동했다가 해동 시 특히 많이 발생한다. 드립을 방지하려면 냉장실에서 천천히 해동한다.

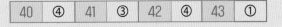

| 40 | ④ | 41 | ③ | 42 | ④ | 43 | ① |

44 녹색 채소의 색소고정에 관계하는 무기질은?

① 알루미늄(Al)

② 염소(Cl)

③ 구리(Cu)

④ 코발트(Co)

해설

녹색 채소의 색소고정에 관계하는 무기질은 구리(Cu)이다.

45 우유에 함유된 단백질이 아닌 것은?

① 락토오스(lactose)

② 카제인(casein)

③ 락토알부민(lactoalbumin)

④ 락토글로불린(lactoglobulin)

해설

우유단백질에는 크게 카제인과 유청단백질로 구성되어 있으며, 유청단백질은 전체 우유단백질의 20%를 차지하고 있으며 이 중 알파-락토알부민 4%, 베타-락토글로불린 10%, 혈청알부민 3%, 면역글로불린 2% 등으로 구성되어 있다. 락토오스는 유당(탄수화물)을 뜻하며, 단당류인 갈락토오스와 글루코스(포도당)가 β(1→4) 글리코사이드 결합으로 연결된 이당류이다.

46 오래된 과일이나 산성 채소 통조림에서 유래되는 화학성 식중독의 원인물질은?

① 칼슘

② 주석

③ 철분

④ 아연

해설

화학적 식중독은 수은, 납, 비소 등 중금속류와 농약, 첨가물 등의 화학물질에 의한 식중독을 말한다. 주석은 오래된 과일이나 산성 채소의 용기나 통조림관의 원료로 사용되어 유출 시 식중독을 유발한다.

47 가열에 의해 고유의 냄새성분이 생성되지 않는 것은?

① 장어구이

② 스테이크

③ 커피

④ 포도주

해설

장어구이나 스테이크, 커피 등은 가열 시 당류와 아미노산의 반응에 의한 고유의 냄새성분이 생성되는 마이야르 반응의 대표적인 예들이다.

48 자유수의 성질에 대한 설명으로 틀린 것은?

① 수용성 물질의 용매로 사용된다.

② 미생물 번식과 성장에 이용되지 못한다.

③ 비중은 4℃에서 최고이다.

④ 건조로 쉽게 제거 가능하다.

해설

자유수는 미생물 번식과 성장에 이용되는 일반적인 물로 생각하면 된다. 반면 결합수는 보통 식품 내부에서 단백질 분자표면과 강하게 결합되어 있어 일반적인 방법으로 분리하기 쉽지 않고 미생물의 번식 등에도 이용될 수 없다.

| 44 | ③ | 45 | ① | 46 | ② | 47 | ④ | 48 | ② |

49 달걀 100g 중에 당질 5g, 단백질 8g, 지질 4.4g이 함유되어 있다면 달걀 5개의 열량은 얼마인가? (단, 달걀 1개의 무게는 50g이다.)

① 91.6kcal

② 229kcal

③ 274kcal

④ 458kcal

 해설

당질(탄수화물)과 단백질은 1g당 4kcal, 지질(지방)은 1g당 9kcal의 열량을 내므로,

달걀 2개(100g)의 열량 = (5X4) + (8X4) + (4.4X9)

= 20 + 32 + 39.6 = 91.6

달걀 5개의 열량 = 91.6 ÷ 2 X 5 = 229

50 인체의 미량원소로 주로 갑상선호르몬인 싸이록신과 트리아이오도싸이록신의 구성원소로 갑상선에 들어있으며, 원소기호는 I인 영양소는?

① 요오드

② 철

③ 마그네슘

④ 셀레늄

 해설

원소기호 I, 요오드에 대한 설명이다.

51 전분에 물을 가하지 않고 160℃ 이상으로 가열하면 가용성 전분을 거쳐 덱스트린으로 분해되는 반응은 무엇이며, 그 예로 바르게 짝지어진 것은?

① 호화 - 식빵

② 호화 - 미숫가루

③ 호정화 - 찐빵

④ 호정화 - 뻥튀기

 해설

호정화에 대한 설명으로 예로는 쌀, 옥수수 등을 튀겨 뻥튀기를 만들 때, 식빵을 토스터에 구울 때, 밀가루나 빵가루를 입혀 기름에 튀길 때, 곡류를 볶아 미숫가루를 만들 때 등이 있다.

52 용량을 측정하는 단위에서 1Cup은 약 몇 큰술인가?

① 5큰술   ② 10큰술

③ 13큰술   ④ 15큰술

 해설

미국 등에서는 Cup 용량을 사용할 때 240mL를 기준으로 하고, 우리나라는 200mL를 기준으로 한다. 계량스푼으로 1큰술은 물 15g, 1작은술은 물 5g을 기준으로 하며, 1Cup = 13큰술 + 1작은술 = 195g + 5g = 200g이다.

| 49 | ② | 50 | ① | 51 | ④ | 52 | ③ |

53 우유 100mL에 칼슘이 180mg 정도 들어있다면 우유 250mL에는 칼슘이 약 몇 mg 정도 들어 있는가?

① 450mg　　　　② 540mg

③ 595mg　　　　④ 650mg

해설

우유 100mL에 칼슘 180mg이 들었으므로, 우유 1mL에는 1.8mg의 칼슘이 들어있음을 알 수 있다. 따라서 우유 250mL에는 250 X 1.8 = 450mg의 칼슘이 들어있다.

54 칼슘과 단백질의 흡수를 돕고 정장 효과가 있는 것은?

① 설탕　　　　② 과당

③ 유당　　　　④ 맥아당

해설

우유에 들어 있는 주요 당질 성분인 유당은 체내에서 혈당 유지 및 두뇌형성인자로 이용되고, 뼈 성장과 골다공증 예방에 중요한 칼슘과 단백질의 흡수를 돕는다. 또한 장내 유익균의 먹이가 되어 변비 예방에도 효과가 있다.

55 다음 중 알리신(allicin)이 가장 많이 함유된 식품은?

① 마늘　　　　② 사과

③ 고추　　　　④ 무

해설

알리신(Allicin)은 마늘에 가장 많이 함유되어 있으며, 마늘을 으깨거나 다질 때 생성되는 유기황화합물이다.

56 간장이나 된장의 착색은 주로 어떤 반응이 관계하는가?

① 아미노 카르보닐(Aminocarbonyl) 반응

② 캐러멜(Caramel)화 반응

③ 아스코르빈산(Ascorbic acid) 산화반응

④ 페놀(Phenol) 산화반응

해설

간장, 된장의 착색은 아미노카르보닐 반응에 의한 비효소적 갈변의 하나이다.
- 캐러멜화 반응 : 당을 고온으로 가열 시 고소함과 진한 색상
- 아스코르빈산 산화반응 : 오렌지 주스 등 과일 농축물
- 페놀 산화반응 : 사과, 바나나, 우엉, 연근 등의 껍질을 벗겼을 때 갈변

57 식품의 조리 및 가공 시 발생되는 갈변현상의 설명으로 틀린 것은?

① 설탕 등의 당류를 160~180℃로 가열하면 마이야르(Maillard) 반응으로 갈색 물질이 생성된다.

② 사과, 가지, 고구마 등의 껍질을 벗길 때 폴리페놀성물질을 산화시키는 효소작용으로 갈변 물질이 생성된다.

③ 감자를 절단하면 효소작용으로 흑갈색의 멜라닌 색소가 생성되며, 갈변을 막으려면 물에 담근다.

④ 아미노-카르보닐 반응으로 간장과 된장의 갈변물질이 생성된다.

해설

①번은 캐러멜화 반응에 대한 설명이다. 마이야르 반응은 당과 단백질의 구성 성분인 아미노산 사이에서 외부 에너지 공급 없이 일어나는 현상이다. 당류만으로는 마이야르 반응이 일어나지 않는다.

53	①	54	③	55	①	56	①	57	①

58 세균성 식중독과 병원성소화기계 감염병을 비교한 것으로 틀린 것은?

(순서대로 세균성 식중독, 병원성소화기계 감염병)

① 많은 균량으로 발병 | 균량이 적어도 발병

② 2차 감염이 빈번함 | 2차 감염이 없음

③ 식품위생법으로 관리 | 감염병예방법으로 관리

④ 비교적 짧은 잠복기 | 비교적 긴 잠복기

세균성 식중독과 병원성소화기계 감염병 비교

세균성 식중독 [살모넬라균, 병원성대장균, 장염비브리오균]	병원성소화기계 감염병 [장티푸스, 콜레라]
다량의 균으로 발병	소량의 균으로도 발병
2차감염 없음	2차감염 빈번히 발생
잠복기간이 짧다	잠복기간이 길다
면역성 없다	면역성 있다 (백신으로 예방)
식품위생법으로 관리	감염병 예방법으로 관리

59 쥐와 관계가 가장 적은 감염병은?

① 페스트

② 신증후군출혈열(유행성출혈열)

③ 발진티푸스

④ 렙토스피라증

페스트, 유행성출혈열, 렙토스피라증은 쥐가 매개하지만 발진티푸스의 병원균인 리케차는 흡혈성 절지동물(주로 이)에 의해 매개된다.

60 하천수에 용존산소가 적다는 것은 무엇을 의미하는 가?

① 유기물 등이 잔류하여 오염도가 높다.

② 물이 비교적 깨끗하다.

③ 오염과 무관하다.

④ 호기성 미생물과 어패류의 생존에 좋은 환경이다.

용존산소량(dissolved oxygen : DO)은 물속에 녹아있는 산소의 양을 말하며 수질의 지표로 사용된다. 용존 산소량이 많을수록 깨끗하고 적을수록 오염도가 높다.

| 58 | ② | 59 | ③ | 60 | ① |

최신 CBT 복원 실전모의고사 3회

01 진균독(곰팡이독, mycotoxin)과 그 독성을 나타낸 것 중 잘못 짝 지워진 것은?

① 아플라톡신(Aflatoxin) - 간장독

② 시트리닌(Citrinin) - 신장독

③ 스포리데스민(Spiridesmin) - 광과민성 피부 염물질

④ 지아라레논(Zearalenone) - 세균성 무백혈구 증

해설

지아라레논(Zearalenone)은 비스테로이드계 에스트로겐성의 곰팡이 독소로 곡물 피해와 가축의 불임을 유발한다. 무백혈구증은 붉은 곰팡이 후사리움(Fusarium)을 통해 발병한다.

02 노로바이러스에 대한 설명으로 틀린 것은?

① 발병 후 자연 치유되지 않는다.

② 크기가 매우 작고 구형이다.

③ 급성 위장관염을 일으키는 식중독 원인체이다.

④ 감염되면 설사, 복통, 구토 등의 증상이 나타난다.

해설

노로바이러스 장염은 특별한 치료 없이도 저절로 회복된다.

03 카드뮴이나 수은 등의 중금속 오염 가능성이 가장 큰 식품은?

① 육류

② 어패류

③ 식용유

④ 통조림

해설

카드뮴과 수은 등 중금속은 전세계 바다와 강의 수질오염과 함께 서식하는 어류와 패류의 몸에 메틸화 되어 축척된다.

04 식품 오염과 관련하여 위생상 문제가 되는 방사능 물질과 관계가 적은 것은?

① 90Sr

② 131I

③ 60Co

④ 137Cs

해설

스트론튬 90Sr, 아이오딘 131I, 세슘 137Cs 등은 식품 오염과 관련하여 세계보건기구(WHO)에서 규정하고 있는 위생상 문제가 되는 주요 방사능 핵종이다. 코발트 60Co은 자연계에 존재하지 않고 인공적으로만 목적에 따라 이용된다.

| 01 | ④ | 02 | ① | 03 | ② | 04 | ③ |

05 신선도가 저하된 꽁치, 고등어 등의 섭취로 인한 알레르기성 식중독의 원인 성분은?

① 트리메틸아민(trimethylamine)

② 히스타민(histamine)

③ 엔테로톡신(enterotoxin)

④ 시큐톡신(cicutoxin)

해설

신선도가 떨어지는 꽁치나 고등어 속 모르가니균(Proteus morgani)이 유독아민인 히스타민을 생성, 체내에 축적되어 알레르기성 식중독을 발생한다.

06 통조림용 공관을 통해 주로 중독될 수 있는 유해 금속은?

① 수은 　　　　　② 주석

③ 비소 　　　　　④ 바륨

해설

주석은 오래된 과일이나 산성 채소의 용기나 통조림관의 원료로 사용되어 유출 시 식중독을 유발한다.

07 곰팡이의 대사산물에 의해 질병이나 생리작용에 이상을 일으키는 원인이 아닌 것은?

① 청매 중독 　　　② 아플라톡신 중독

③ 황변미 중독 　　④ 오크라톡신 중독

해설

아플라톡신, 황변미, 오크라톡신은 모두 곰팡이 독소와 관련이 있으나 청매 중독은 덜 익은 매실인 청매에 들어 있는 시안배당체인 아미그달린(amygdalin)에 의해 발생하며 곰팡이와는 관련이 없다.

08 광명단을 사용하거나 소성온도 이하로 구운 옹기독에 산성음식물을 넣으면 옹기벽에서 용출될 수 있는 대표적인 유해물질은?

① 주석(Sn)

② 납(Pb)

③ 페놀(Phenol)

④ 피시비(P. C. B)

해설

광명단, 옹기벽 → 납(Pb) 용출

09 고시폴(Gossypol) 중독을 일으키는 중요한 요인은?

① 피마자씨 기름의 불충분한 정제

② 목화씨 기름의 불충분한 정제

③ 피마자씨 기름의 산패

④ 목화씨 기름의 산패

해설

목화씨의 독성물질은 고시폴(Gossypol)

Tip! 고시원에 사는 목화씨

| 05 | ② | 06 | ② | 07 | ① | 08 | ② | 09 | ② |

10 냉장고에 식품을 저장하는 방법에 대한 설명으로 옳은 것은?

① 생선과 버터는 가까이 두는 것이 좋다.

② 식품을 냉장고에 저장하면 세균이 완전히 사멸된다.

③ 조리하지 않은 식품과 조리한 식품은 분리해서 저장한다.

④ 오랫동안 저장해야 할 식품은 냉장고 중에서 가장 온도가 높은 곳에 저장한다.

해설

버터에 생선 냄새가 배면 빠지지 않기 때문에 분리해서 보관하며, 냉장저장 시 세균 활동과 번식을 억제할 수 있으나 사멸시키지는 못한다. 오랫동안 저장 시에는 냉동 저장이 적합하다.

11 다음 중 무상수거 대상 식품에 해당하지 않는 것은?

① 출입검사의 규정에 의하여 검사에 필요한 식품 등을 수거할 때

② 유통 중인 부정, 불량식품 등을 수거할 때

③ 도소매 업소에서 판매하는 식품 등을 시험검사용으로 수거할 때

④ 수입식품 등을 검사할 목적으로 수거할 때

해설

도소매 업소에서 판매하는 식품 등을 시험검사용으로 수거할 때는 유상수거이다. 불량식품 수거는 무상수거인 것에 주의한다.

12 식품 등을 제조, 가공하는 영업자가 식품 등이 기준과 규격에 맞는지 자체적으로 검사하는 것을 일컫는 식품위생법상의 용어는?

① 제품검사

② 자가품질검사

③ 수거검사

④ 정밀검사

해설

식품 제조, 가공업자가 하는 자체적 검사 → 자가품질검사

13 서양요리 조리방법 중 습열조리와 거리가 먼 것은?

① 브로일링(Broiling)

② 스티밍(Steaming)

③ 보일링(Boiling)

④ 시머링(Simmering)

해설

브로일링(Broiling)은 직화 건열조리법의 일종이다. 그릴링(grilling)과 유사하게 그릴팬 내부의 뜨거운 공기(복사열)을 이용하여 조리하는 방법이다.

| 10 | ③ | 11 | ③ | 12 | ② | 13 | ① |

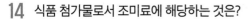

실전모의고사 3회

14 식품 첨가물로서 조미료에 해당하는 것은?

① 글루탐산나트륨

② 아질산나트륨

③ 피로인산나트륨

④ 소르빈산나트륨

해설

글루탐산나트륨이 조미료(향미증진제)로 쓰이며 아질산나트륨은 발색제, 피로인산나트륨은 산도조절제 또는 팽창제로 쓰인다. 소르빈산나트륨은 방부제로 쓰인다.

15 식품위생법에서 의미하는 식품의 원료, 제조, 가공 및 유통의 각 단계에서 발생할 수 있는 위해요소를 분석 관리하여 식품의 안정성을 확보하는 제도란?

① 회수제도(Recall)

② HACCP

③ 공표세포

④ IOS 인증

해설

해썹(HACCP : Hazard Analysis Critical Control Point)은 식품의 원료부터 유통까지 안전성을 확인해주는 위해요소중점관리 인증제도를 말한다.

16 호화와 노화에 관한 설명 중 틀린 것은?

① 수분함량이 적고 산성일수록 일부 무기염류가 존재할수록 호화는 더 잘 일어난다.

② 전분입자가 크고 지질함량이 많을수록 빨리 호화된다.

③ 0℃ 부근에서 노화가 가장 빨리 일어난다.

④ 60℃ 이상에서는 노화가 잘 일어나지 않는다.

해설

호화는 전분에 적당량의 물을 붓고 가열했을 때 팽윤 및 점성도 증가, 미셀구조 파괴 등이 일어나는 것을 말한다. 수분이 필수적이며 알칼리성일수록 전분의 팽윤이 촉진되므로 호화가 잘 일어난다. 무기염류는 호화를 촉진시키고 노화를 억제한다. 노화는 0~5℃에서 가장 잘 일어나며 60℃ 이상에서는 잘 일어나지 않는다.

17 단맛성분에 소량의 짠맛성분을 혼합할 때 단맛이 증가하는 현상은?

① 맛이 상쇄현상

② 맛의 억제현상

③ 맛의 변조현상

④ 맛의 대비현상

해설

단맛-짠맛의 혼합 시 단맛이 증가한다.

Tip! 단짠대비

| 14 | ① | 15 | ② | 16 | ① | 17 | ④ |

18 탄수화물의 구성요소가 아닌 것은?

① 탄소

② 질소

③ 산소

④ 수소

해설

탄수화물은 탄소(C), 수소(H), 산소(O)로 구성되어 있다.

Tip! 탄수화물 → 탄수산물 or 탄산수

단백질 구성요소에는 C, H, O, N으로 질소가 반드시 포함된다.

19 샌드위치를 만들고 남은 식빵을 냉장고에 보관할 때 식빵이 딱딱해지는 원인물질과 그 현상은?

① 단백질 - 젤화

② 지방 - 산화

③ 전분 - 노화

④ 전분 - 호화

해설

전분을 방치할 때 차차 굳어지는 현상을 전분의 노화라고 한다.

20 다음 중 결합수의 특징이 아닌 것은?

① 용질에 대해 용매로 작용하지 않는다.

② 자유수보다 밀도가 크다.

③ 식품에서 미생물의 번식과 발아에 이용되지 못한다.

④ 대기 중에서 100℃로 가열하면 쉽게 수증기가 된다.

해설

결합수는 자유수보다 밀도가 크고 보통 식품 내부에서 단백질 분자표면과 강하게 결합되어 있어 일반적인 방법으로 분리하기 쉽지 않고 용매로 작용하지 않으며 미생물의 번식 등에도 이용될 수 없다. 대기 중에서 100℃로 가열하면 쉽게 수증기가 되거나 0℃ 이하에서 어는 물은 자유수이다.

21 가열조리 중 건열조리에 속하는 조리법은?

① 찜   ② 구이

③ 삶기   ④ 조림

해설

찜, 삶기, 조림은 물을 사용하여 가열하는 습열조리이고, 구이는 건열조리이다.

| 18 | ② | 19 | ③ | 20 | ④ | 21 | ② |

22 해리된 수소이온이 내는 맛과 가장 관계 깊은 것은?

① 신맛 　　　　② 단맛

③ 매운맛 　　　④ 짠맛

 해설

신맛은 용액 중에 해리 되어 있는 수소이온과 해리 되지 않은 산 분자로 인해 발현된다.

24 다음 중 식육의 동결과 해동 시 조직 손상을 최소화할 수 있는 방법은?

① 급속동결, 급속해동

② 급속동결, 완만해동

③ 완만동결, 급속해동

④ 완만동결, 완만해동

 해설

식육은 -40℃ 이하에서 급속냉동해야 조직 손상을 최소화할 수 있다. 해동 시에는 5~10℃ 냉장온도에서 완만해동(자연해동)하는 것이 바람직하다.

23 가열조리 방법 중 볶기의 특징이 아닌 것은?

① 비타민의 손실이 적다.

② 가열 중 조미할 수 없다.

③ 기름 맛이 더해져 부드러운 입맛을 느낄 수 있다.

④ 단시간 조리로 색이 유지된다.

 해설

볶기 조리시에는 가열 중 조미가 가능하다.

25 식단 작성시 필요한 사항과 가장 거리가 먼 것은?

① 식품 구입방법

② 영양 기준량 산출

③ 3식 영양량 배분 결정

④ 음식수의 계획

 해설

식품 구입방법은 식단 작성 시 필요사항이 아니다.

| 22 | ① | 23 | ② | 24 | ② | 25 | ① |

26 집단감염이 잘 되며 항문부위의 소양증을 유발하는 기생충은?

① 회충 　　　　② 구충

③ 요충 　　　　④ 간흡충

해설

요충은 불결한 손, 음식물, 물건을 통해 집단으로 감염되기 쉬우며 요충의 알에서 끈끈하고 간지러움을 일으키는 물질이 분비되기 때문에 항문 주변에 알을 낳는 경우 매우 가렵다.

27 다음 자료에 의하여 제조원가를 산출하면?

- 직접재료비 : 60,000원
- 직접임금 : 100,000원
- 소모품비 : 10,000원
- 통신비 : 10,000원
- 판매원급료 : 50,000원

① 175,000원

② 180,000원

③ 220,000원

④ 230,000원

해설

제조원가 = 직접원가 + 제조간접비
　　　　 = [직접재료비 + 직접노무비 + 직접경비] +
　　　　　 [간접재료비 + 간접노무비 + 간접경비]
직접임금은 직접노무비에 해당하고, 소모품비와 통신비는 간접비에 해당한다. 판매원급료는 판매관리비로 총원가에는 들어가지만 제조원가에는 포함되지 않는다.
따라서 제조원가 = 직접재료비(60,000원) + 직접임금(100,000원) + 소모품비(10,000원) + 통신비(10,000원) = 180,000원

28 식품을 고를 때 채소류의 감별법으로 틀린 것은?

① 오이는 굵기가 고르며 만졌을 때 가시가 있고 무거운 느낌이 나는 것이 좋다.

② 당근은 일정한 굵기로 통통하고 마디나 뿔이 없는 것이 좋다.

③ 양배추는 가볍고 잎이 얇으며 신선하고 광택이 있는 것이 좋다.

④ 우엉은 껍질이 매끈하고 수염뿌리가 없는 것으로 굵기가 일정한 것이 좋다.

해설

양배추는 속이 꽉 차 무게가 묵직하며 눌렀을 때 쉽게 들어가는 느낌 없이 단단한 것을 고른다. 꽃대가 올라오거나 노랗게 변한 것은 좋지 않다.

29 고추장에 대한 설명으로 틀린 것은?

① 고추장은 곡류, 메줏가루, 소금, 고춧가루, 물을 원료로 제조한다.

② 고추장의 구수한 맛은 단백질이 분해하여 생긴 맛이다.

③ 고추장은 된장보다 단맛이 더 약하다.

④ 고추장의 전분 원료로 찹쌀가루, 보릿가루, 밀가루를 사용한다.

해설

고추장은 단맛을 내는 쌀가루와 엿기름 또는 조청이 들어가므로 된장보다 단맛이 강하다.

| 26 | ③ | 27 | ② | 28 | ③ | 29 | ③ |

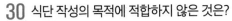

30 식단 작성의 목적에 적합하지 않은 것은?
① 영양과 기호의 충족
② 식품비의 조절, 절약
③ 시간과 노력의 절약
④ 식량의 증산, 배분, 소비에 대한 이해를 지도

식단 작성의 목적에 있어 식량 증산, 배분, 소비에 대한 지도와는 거리가 멀다.

31 중조를 넣어 콩을 삶을 때 가장 문제가 되는 것은?
① 비타민 B₁의 파괴가 촉진됨
② 콩이 잘 무르지 않음
③ 조리수가 많이 필요함
④ 조리시간이 길어짐

중조(탄산수소나트륨=베이킹소다)를 넣어 콩을 삶으면 조리수가 넉넉히 필요하고 조리시간이 길어지며 콩이 잘 무르지 않는다. 하지만 비타민 B1(티아민) 파괴가 촉진되는 단점이 있다.

32 마요네즈를 만들 때 유화제 역할을 하는 것은?
① 식초
② 샐러드유
③ 설탕
④ 난황

해설
마요네즈는 식초와 식용유에 계란 노른자를 유화제로 섞어서 만든다.

33 마요네즈 제조 시 안정된 마요네즈를 형성하는 경우는?
① 기름을 빠르게 많이 넣을 때
② 달걀 흰자만 사용할 때
③ 약간 더운 기름을 사용할 때
④ 유화제 첨가량에 비하여 기름의 양이 많을 때

해설
마요네즈 제조 시 기름의 온도를 약간 높이면 안정화에 도움이 된다. 하지만 60℃ 이상에서는 단백질 응고가 일어나므로 너무 높은 온도는 피한다.

| 30 | ④ | 31 | ① | 32 | ④ | 33 | ③ |

34 식품을 구입, 조리, 배식하는 모든 과정부터 서빙까지 같은 장소에서 이루어지는 급식제도는?

① 중앙공급식 급식제도

② 예비조리식 급식제도

③ 조합식 급식제도

④ 전통적 급식제도

해설

전통적인 급식제도는 음식의 조리, 배식, 서빙이 모두 같은 장소에서 연속적으로 이루어지므로 준비와 배식 사이 시간이 다른 급식제도보다 절약된다.

35 필수지방산에 속하는 것은?

① 리놀렌산

② 올레산

③ 스테아르산

④ 팔미트산

해설

필수지방산에는 리놀레산(linoleic acid), 리놀렌산(linolenic acid), 아라키돈산(arachidonic acid) 등이 있으며 모두 불포화 지방산이다.

36 조미료 중 수란을 뜰 때 끓는 물에 넣고 달걀을 넣으면 난백의 응고를 돕고, 작은 생선을 사용할 때 소량 가하면 뼈가 부드러워지며, 기름기 많은 재료에 사용하면 맛이 부드럽고 산뜻해지는 것은?

① 설탕

② 후추

③ 식초

④ 소금

해설

식초에 대한 설명이다.

Tip! 식초 → 난백응고, 생선뼈 연화, 기름기 재료를 산뜻하게

37 주방시설을 계획할 때 고려해야 할 요소 중 주방설비 형태에 영향을 미치는 요소가 아닌 것은?

① 작업동선

② 급식형태

③ 식단의 종류

④ 식품구매 형태

해설

식품구매 형태는 주방설비 형태에 영향을 미치지 않는다.

| 34 | ④ | 35 | ① | 36 | ③ | 37 | ④ |

38 급식인원이 500명인 단체급식소에서 가지조림을 하려고 한다. 가지의 1인당 중량이 30g이고, 폐기율이 6%일 때 총 발주량은?

① 약 15kg

② 약 16kg

③ 약 20kg

④ 약 25kg

해설

$$총\ 발주량\ (Kg) = \frac{정미량(Kg)}{100-폐기율(\%)} \times 100 \times 급식인원수$$

$$= \frac{0.03}{100-6} \times 100 \times 500$$

$$= \frac{0.03}{94} \times 50000 = 15.957$$

39 묵에 대한 설명으로 틀린 것은?

① 전분의 겔(gel)화를 이용한 우리나라 전통음식이다.

② 가루의 10배 정도의 물을 가하여 쑨다.

③ 전분의 농도는 묵의 질에 영향을 준다.

④ 메밀, 녹두, 도토리 등의 가루를 이용하여 만든다.

해설

묵을 만들 때 가루와 물의 비율은 1 : 5 또는 1 : 6 이다.

40 식혜를 만들 때 당화온도를 50~60℃ 정도로 하는 이유는?

① 엿기름을 호화시키기 위하여

② 프티알린의 작용을 활발하게 하기 위하여

③ 아밀라아제의 작용을 활발하게 하기 위하여

④ 밥알을 노화시키기 위하여

해설

식혜를 만들 때 당화온도를 50~60℃ 정도로 하는 이유는 전분을 가수분해하는 당화효소인 아밀라아제의 최적 활성을 위해서이다.

41 음식물 섭취와 관계가 없는 기생충은?

① 회충

② 사상충

③ 광절열두조충

④ 요충

해설

회충, 요충, 조충(촌충)은 덜 익히거나 알이 들어 있는 생선 또는 육류 등 음식물의 섭취와 관련이 있지만 사상충은 모기를 매개로 전파된다.

| 38 | ② | 39 | ② | 40 | ③ | 41 | ② |

42 민물고기를 생식한 일이 없는데도 간디스토마에 감염될 수 있는 경우는?

① 민물고기를 요리한 도마를 통해서
② 해삼, 멍게를 생식했을 때
③ 다슬기를 생식했을 때
④ 오염된 야채를 생식했을 때

 해설

간디스토마(간흡충증)는 민물고기에 기생하여 이를 날로 먹거나 덜 익혀 먹을 때 감염된다. 민물고기를 요리한 도마를 통해서도 감염될 수 있다. 다슬기를 생식했을 때는 폐디스토마(폐흡충증)에 감염될 수 있다.

43 쓰레기 처리방법 중 미생물까지 사멸할 수는 있으나 대기오염을 유발할 수 있는 것은?

① 소각법
② 투기법
③ 매립법
④ 재활용법

44 충란으로 감염되는 기생충은?

① 분선충   ② 동양모양선충
③ 십이지장충   ④ 편충

 해설

편충은 충란(알)로 감염되며 분선충, 동양모양선충, 십이지장충은 유충에 의해 인체로 감염된다.

45 간흡충증의 제2중간 숙주는?

① 잉어   ② 쇠우렁이
③ 물벼룩   ④ 다슬기

 해설

간흡충증(간디스토마)의 제2중간 숙주는 붕어, 잉어, 누치, 향어 등 자연산 민물고기류이다.

46 고온작업환경에서 작업할 경우 말초혈관의 순환장애로 혈관신경의 부조절, 심박출량 감소가 생길 수 있는 열중증은?

① 열허탈증   ② 열경련
③ 열쇠약증   ④ 울열증

해설

열허탈증은 심한 고온환경에서 중등도 이상의 작업에 익숙지 않은 사람이 종사할 때 식염수는 보충하지 않고 물만 많이 마시는 경우 주로 발생한다. 말초혈관의 순환장애로 혈관신경의 부조절, 심박출량 감소가 특징이다.

| 42 | ① | 43 | ① | 44 | ④ | 45 | ① | 46 | ① |

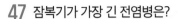

47 잠복기가 가장 긴 전염병은?

① 파라티푸스　　② 디프테리아
③ 한센병　　　　④ 콜레라

한센병(나병)은 한센균(Mycobacterium leprae)에 의해 발병하는데 잠복기가 짧게는 5년에서 길게는 20년까지 아주 길다. 파라티푸스는 1~3주, 디프테리아 2~6일, 콜레라는 6시간에서 5일 정도로 잠복기가 짧다.

48 디.티.피(DTaP)와 관계 없는 질병은?

① 파상풍　　　　② 디프테리아
③ 페스트　　　　④ 백일해

Tip! 디티피는 디파백(디프테리아, 파상풍, 백일해)

49 리케차에 의해서 발생되는 전염병은?

① 세균성이질
② 파라티푸스
③ 발진티푸스
④ 디프테리아

발진티푸스는 리케차(rickettsia)라는 병원균이 이를 매개로 옮기는 전염병이다.

50 수질의 오염정도를 파악하기 위한 BOD(생물학적 산소요구량)의 측정 시 일반적인 온도와 측정기간은?

① 10℃에서 10일간
② 20℃에서 10일간
③ 10℃에서 5일간
④ 20℃에서 5일간

BOD(생물학적 산소요구량)의 측정온도와 측정기간 : 20℃에서 5일간

51 하수오염 조사 방법과 관련이 없는 것은?

① THM의 측정
② COD의 측정
③ DO의 측정
④ BOD의 측정

총트리할로메탄(THM)은 먹는물 수질기준(100ppb)으로 성인이 평생 매일 2리터의 물을 마셨을 때를 기준으로 위해도를 평가하여 설정한다. 하수 오염도 측정과는 관련이 없다. COD(Chemical Oxygen Demand, 화학적 산소요구량)은 유기물 등의 오염물질을 산화제로 산화할 때 필요한 산소량을 뜻하며, DO(Dissolved Oxygen, 용존산소량)은 물속에 녹아 있는 산소량을 뜻한다. BOD (Biochemical Oxygen Demand, 생화학적 산소 요구량)은 물속의 미생물이 유기물을 분해하는데 필요한 산소 소모량으로 모두 하수 오염도 조사와 관련이 깊다.

47	③	48	③	49	③	50	④	51	①

52 달걀을 삶은 직후 찬물에 넣어 식히면 노른자 주위의 암녹색의 황화철이 적게 생기는데 그 이유는?

① 찬물이 스며들어가 황을 희석시키기 때문

② 황화수소가 난각을 통하여 외부로 발산되기 때문

③ 찬물이 스며들어가 철분을 희석하기 때문

④ 외부의 기압이 낮아 황과 철분이 외부로 빠져나오기 때문

해설

삶은 달걀의 노른자 주위 암녹색 황화철은 노른자의 철(Fe) 성분이 흰자의 황화수소(H_2S : Hydrogen sulfide)와 열 반응으로 결합하여 생성되는데 달걀을 삶은 직후 찬물에 넣어 식히면 난각(껍질)을 통해 황화수소를 외부로 발산시켜 황화철 발생을 억제할 수 있다.

53 아이스크림을 만들 때 굵은 얼음 결정이 형성되는 것을 막아 부드러운 질감을 갖게 하는 것은?

① 설탕

② 달걀

③ 젤라틴

④ 지방

해설

아이스크림 제조 시 젤라틴은 굵은 얼음 결정의 형성을 막아 부드러운 질감을 갖게 하고 미세 조직을 유지하며 녹는 속도를 더디게 한다.

54 대기오염 중 2차 오염물질로만 짝지어진 것은?

① 먼지, 탄화수소

② 오존, 알데히드

③ 연무, 일산화탄소

④ 일산화탄소, 이산화탄소

해설

1차 오염물질은 대기오염 발생원으로부터 직접 배출되는 오염물질로 SO_2, SO_3, NO, NO_2, 탄화수소 등이 해당되며, 2차 오염물질은 오염물질이 햇빛에 포함된 자외선에 의해 광화학 반응이 일어나 새로운 오염물질이 합성된 것을 뜻한다. 오존, 포름알데히드, 스모그 등이 해당된다.

55 감수성지수(접촉감염지수)가 가장 높은 감염병은?

① 폴리오

② 홍역

③ 백일해

④ 디프테리아

해설

홍역은 감수성지수(접촉감염지수)가 아주 높으며 전염성이 강해 감수성이 있는 접촉자의 90% 이상이 발병하는 질병이다.

56 실내공기의 오염 지표로 사용하는 기체와 그 서한량이 바르게 짝지어진 것은?

① CO - 0.1%

② SO_2 - 0.01%

③ CO_2 - 0.1%

④ NO_2 - 0.01%

해설

서한량이란 허용농도를 뜻한다. 실내 공기 오염지표로는 이산화탄소(CO_2)가 사용되며 서한량은 8시간 기준 0.1%이다.

52	②	53	③	54	②	55	②	56	③

57 다음 감염병 중 바이러스(Virus)가 병원체인 것은?

① 세균성 이질

② 폴리오

③ 파라티푸스

④ 장티푸스

 해설

폴리오는 바이러스에 의한 감염병이다. 하지만 세균성 이질은 시겔라균(shigella), 파라티푸스는 리케차(rickettsia), 장티푸스는 살모넬라균(salmonella)에 의해 발병한다.

58 육류나 어류의 구수한 맛을 내는 성분은?

① 이노신산

② 호박산

③ 나린진

④ 알리신

 해설

육류나 어류의 구수한 맛을 내는 성분은 이노신산(inosinic acid)이다. 그 밖에도 감칠맛을 내는 성분에는 글루타민산(Glutamic Acid), 구아닐산(Guanylic Acid)이 있다. 호박산도 감칠맛을 내지만 조개류에 들어 있는 감칠맛 성분이며, 나린진은 쓴맛을 내는 고미료이다. 알리신은 마늘에 들어 있는 매운맛 성분이다.

59 영양 결핍증상과 원인이 되는 영양소의 연결이 잘못된 것은?

① 빈혈 - 엽산

② 구순구각염 - 비타민 B_1

③ 괴혈병 - 비타민 C

④ 야맹증 - 비타민 A

해설

구순구각염은 비타민 B_2 (리보플라빈) 결핍 시 나타나는 증상이다.
비타민 B_1(타아민) 결핍 시에는 심혈관계와 신경계 장애를 보이는 각기병이 나타난다.

60 단백질의 분해효소로 식물성 식품에서 얻을 수 있는 것은?

① 펩신

② 트립신

③ 레닌

④ 파파인

해설

파파인(papain)은 파파야에 들어 있는 식물성 단백질 분해효소이다. 펩신과 트립신은 동물의 위액에 들어 있는 단백질 분해효소이며, 레닌은 신장에서 분비되는 단백질 분해효소이다.

57	②	58	①	59	②	60	④

최신 CBT 복원 실전모의고사 4회

01 우리나라에서 발생하는 장티푸스의 가장 효과적인 관리 방법은?

① 환경위생 철저

② 공기정화

③ 순화독소(Toxoid) 접종

④ 농약사용 자제

해설

장티푸스는 살모넬라 타이피균을 가진 보균자의 배설물에 오염된 음식이나 물을 섭취하면 감염되므로 환경위생 관리를 통해 예방하는 것이 효과적이다.

02 공기의 자정작용에 속하지 않는 것은?

① 산소, 오존 및 과산화수소에 의한 산화작용

② 공기 자체의 희석작용

③ 세정작용

④ 여과작용

해설

공기의 자정작용에는 산화작용, 희석작용, 세정작용, 살균작용 등이 있다. 물의 자정작용은 침전, 여과, 흡착, 분해 등의 과정을 거쳐 자연정화가 가능하지만, 공기의 자정작용의 경우 여과작용은 포함되지 않는다.

03 산업재해지표와 관련이 적은 것은?

① 건수율

② 이환율

③ 도수율

④ 강도율

해설

건수율, 도수율, 강도율은 산업재해지표로 쓰이지만 이환율은 대상 집단에서 질병이 있는 사람의 비율로 산업재해지표과 관련이 적다.

• 건수율 : 근로시간 합계 1,000시간당 재해발생 건수

• 도수율 : 근로시간 합계 100만 시간당 재해발생 건수

• 강도율 : 근로시간 합계 1,000시간당 재해로 인한 근로손실 일수

04 공기의 자정작용과 관계가 없는 것은?

① 희석작용

② 세정작용

③ 환원작용

④ 살균작용

해설

공기의 자정적용에는 희석, 세정, 살균작용, 산화작용 등이 있다.

| 01 | ① | 02 | ④ | 03 | ② | 04 | ③ |

05 사람이 예방접종을 통하여 얻는 면역은?

① 선천면역

② 자연수동면역

③ 자연능동면역

④ 인공능동면역

해설

예방접종은 인공적으로 스스로(능동적으로) 백신을 몸속에 주입시켜 면역을 얻게 되므로 인공능동면역에 해당한다.

07 쥐가 매개하는 질병이 아닌 것은?

① 살모넬라증

② 아니사키스증

③ 유행성 출혈열

④ 페스트

해설

아나사키스(고래회충)는 고래와 돌고래 배설물에서 유충이 나와서 고등어, 오징어 등에서 기생하는 인수공통 기생충으로 사람이 감염되는 경우 복통이나 구토, 설사를 유발한다.

06 공기 중에 먼지가 많으면 어떤 건강장해를 일으키는가?

① 진폐증

② 울열

③ 저산소증

④ 레이노드씨병

해설

먼지를 뜻하는 단어는 먼지 진(塵)이다. 진폐증은 분진가루가 장기간에 걸쳐 폐 조직에 쌓이면서 서서히 반흔이 생기고, 이로 인해 호흡 곤란이 야기되는 질병이다.

08 세균성 이질을 앓고 난 아이가 얻는 면역에 대한 설명으로 옳은 것은?

① 인공면역을 획득한다.

② 수동면역을 획득한다.

③ 영구면역을 획득한다.

④ 면역이 거의 획득되지 않는다.

해설

세균성 이질은 시겔라 박테리아에 의해 발생하는 2급 감염병으로 아직 유용한 백신은 없다.

| 05 | ④ | 06 | ① | 07 | ② | 08 | ④ |

09 호흡기 전염병에 속하지 않은 것은?

① 홍역

② 일본 뇌염

③ 디프테리아

④ 백일해

일본 뇌염은 매개충인 작은 빨간집 모기에 물릴 경우 바이러스가 혈액 내로 전파되어 급성 신경계 증상이 나타난다.

10 달걀을 삶았을 때 노른자 주위가 암녹색으로 변하는 것에 대한 설명으로 옳은 것은?

① 신선한 달걀일수록 색이 진하다.

② 난황의 철과 난백의 황화수소가 결합하여 생성된다.

③ 낮은 온도에서 가열할 색이 더욱 진해진다.

④ 100℃의 물에서 5분 이상 가열 시 나타나는 현상이다.

해설

달걀을 오랜 시간(15분 이상) 가열하면 난백(흰자)에서 생성된 황화수소가 난황(노른자)쪽으로 이동하여 난황 속 철과 결합하여 불용성인 황화철을 생성하여 난황 표면이 암녹색이 된다.

11 다음의 식단에서 부족한 영양소는?

> 보리밥, 달걀부침, 배추김치, 시금치 된장국, 콩나물무침

① 탄수화물

② 단백질

③ 지방

④ 칼슘

해설

탄수화물, 지방, 단백질, 식이섬유와 나트륨, 칼륨 등의 무기질은 풍부하나 칼슘은 부족하다.

• 보리밥 1공기 : 칼로리 315kcal | 지방 0.73g | 탄수화물 69.06g | 단백질 6.55g

• 달걀부침 1인분 : 칼로리 336kcal | 지방 22.40g | 탄수화물 6.53g | 단백질 25.46g

12 국수를 삶는 방법으로 부적합한 것은?

① 끓는 물에 넣는 국수의 양이 지나치게 많아서는 안 된다.

② 국수 무게의 6~7배 정도의 물에서 삶는다.

③ 국수를 넣은 후 물이 다시 끓기 시작하면 찬물을 넣는다.

④ 국수가 다 익으면 많은 양의 냉수에서 천천히 식힌다.

해설

국수가 다 익으면 즉시 찬물에 2~3번 빠르게 헹궈야 쫄깃한 면발이 된다.

| 09 | ② | 10 | ② | 11 | ④ | 12 | ④ |

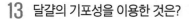
13 달걀의 기포성을 이용한 것은?

① 달걀찜

② 푸딩(pudding)

③ 머랭(meringue)

④ 마요네즈(mayonnaise)

해설

머랭은 주로 제과제빵에서 제품의 질감과 형태를 위해 사용되는데, 이러한 머랭은 달걀 흰자의 '기포성'을 이용한 것이다.

14 조리용 소도구의 용도가 옳은 것은?

① 믹서(Mixer) - 재료를 다질 때 사용

② 휘퍼(Whipper) - 감자 껍질을 벗길 때 사용

③ 필러(Peeler) - 골고루 섞거나 반죽할 때 사용

④ 그라인더(Grinder) - 쇠고기를 갈 때 사용

해설

믹서(Mixer)는 재료를 잘게 갈거나 섞는 용도이며, 휘퍼(Whipper)는 거품을 내거나 재료를 섞을 때 쓴다. 필러(Peeler)는 재료의 껍질을 벗길 때 쓴다. 단어의 뜻에 용도가 모두 드러나 있다.

15 감자의 효소적 갈변 억제 방법이 아닌 것은?

① 아스코르빈산 첨가   ② 아황산 첨가

③ 질소 첨가   ④ 물에 침지

해설

효소적 갈변은 식품에 함유된 페놀류에 폴리페놀옥시다아제(Polyphenol oxidase)가 작용하여 산화·중합되는 갈색화 반응으로 과채류를 절단 파쇄 시 나타난다. 아스코르빈산, 아황산을 첨가하거나 물에 침지하는 방법은 이러한 효소적 갈변을 억제하는 방법이다.

16 어패류에 소금을 넣고 발효 숙성시켜 원료 자체 내 효소의 작용으로 풍미를 내는 식품은?

① 어육소시지   ② 어묵

③ 통조림   ④ 젓갈

해설

젓갈에 대한 설명이다.

17 트랜스지방은 식물성 기름에 어떤 원소를 첨가하는 과정에서 발생하는가?

① 수소   ② 질소

③ 산소   ④ 탄소

해설

트랜스지방산은 식물성 오일의 산패되는 것을 막기 위해 수소를 첨가하는 과정에서 발생한다.

| 13 | ③ | 14 | ④ | 15 | ③ | 16 | ④ | 17 | ① |

18 단백질의 소화효소는?

① 펩신(pepsin)

② 아밀라아제(amylase)

③ 리파아제(lipase)

④ 옥시다아제(oxidase)

> 해설
>
> 펩신과 트립신은 동물의 위액에 들어 있는 단백질 분해효소이며, 레닌은 신장에서 분비되는 단백질 분해효소이다.

19 생선을 후라이팬이나 석쇠에 구울 때, 들러붙지 않도록 하는 방법으로 옳지 않은 것은?

① 낮은 온도에서 서서히 굽는다.

② 기구의 금속면을 테프론(teflon)으로 처리한 것을 사용한다.

③ 기구의 표면에 기름을 칠하여 막을 만들어 준다.

④ 기구를 먼저 달구어서 사용한다.

> 해설
>
> 생선을 구울 때, 팬이 완전히 달궈지기 전에 낮은 온도에서 생선을 서서히 구우면 껍질이 너덜너덜해지고 들러붙기 쉽다.

20 부드러운 살코기로서 맛이 좋으며 구이, 전골, 산적용으로 적당한 쇠고기 부위는?

① 양지, 사태, 목심

② 안심, 채끝, 우둔

③ 갈비, 삼겹살, 안심

④ 양지, 설도, 삼겹살

> 해설
>
> 안심과 우둔은 지방이 적은 살코기이다. 채끝도 안심을 에워싸고 있어 육질이 연하고 부드러운 부위이다. 하지만 양지와 사태, 설도는 육질이 질긴 부위로 탕, 찜, 장조림, 육회 등에 적합하다.

21 밀가루로 빵을 만들 때 첨가하는 다음 물질 중 글루텐(Gluten) 형성을 도와주는 것은?

① 설탕

② 지방

③ 중조

④ 달걀

> 해설
>
> 달걀은 반죽 시 수분과 단백질이 반죽을 부드럽고 매끄럽게 하고, 가열하면 단백질이 응고하면서 글루텐 형성을 돕는다.

| 18 | ① | 19 | ① | 20 | ② | 21 | ④ |

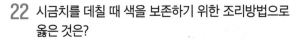

22 시금치를 데칠 때 색을 보존하기 위한 조리방법으로 옳은 것은?

① 뚜껑을 열고 다량의 조리수를 사용한다.

② 뚜껑을 열고 소량의 조리수를 사용한다.

③ 뚜껑을 덮고 다량의 조리수를 사용한다.

④ 뚜껑을 덮고 소량의 조리수를 사용한다.

> 해설
>
> 시금치를 데칠 때는 뚜껑을 열어 시금치의 유기산을 증발시켜 색을 보존한다. 또한 다량의 조리수에 데쳐야, 유기산의 농도를 낮출 수 있다.

23 차, 커피, 코코아, 과일 등에서 수렴성 맛을 주는 성분은?

① 타닌(tannin)

② 카로틴(carotene)

③ 엽록소(chlorophyll)

④ 안토시아닌(anthocyanin)

> 해설
>
> 차, 커피, 코코아, 과일에 함유된 타닌 성분은 수렴성 맛인 떫은맛의 성분이다.

24 고등어 150g을 돼지고기로 대체하려고 한다. 고등어의 단백질 함량을 고려했을 때 돼지고기는 약 몇 g 필요한가? (단, 고등어 100g당 단백질 함량 : 20.2g, 지질 : 10.4g, 돼지고기 100g당 단백질 함량 : 18.5g, 지질 : 13.9g)

① 137g ② 152g

③ 164g ④ 178g

> 해설
>
> 고등어 150g에 들어 있는 단백질 함량을 구한 다음, 그 함량만큼을 함유한 돼지고기 무게를 구해주면 된다.
> 고등어 100g에 단백질 20.2g이 들어있으므로, 고등어 150g에 포함된 단백질 함량은 20.2g X 1.5배 = 30.3g이고, 돼지고기 단백질 1g을 함유하기 위한 돼지고기 무게는 100 / 18.5g = 5.4g이므로, 30.3g의 단백질을 함량을 가진 돼지고기 무게는 5.4g X 30.3 = 163.62g이다.

25 튀김옷에 대한 설명으로 잘못된 것은?

① 글루텐의 함량이 많은 강력분을 사용하면 튀김 내부에서 수분이 증발되지 못하므로 바삭하게 튀겨지지 않는다.

② 달걀을 넣으면 달걀 단백질이 열 응고됨으로써 수분을 방출하므로 튀김이 바삭하게 튀겨진다.

③ 식소다를 소량 넣으면 가열 중 이산화탄소를 발생함과 동시에 수분도 방출되어 튀김이 바삭해진다.

④ 튀김옷에 사용하는 물의 온도는 30℃ 전후로 해야 튀김옷의 점도를 높여 내용물을 잘 감싸고 바삭해진다.

> 해설
>
> 튀김옷 반죽 시에는 차가운 물을 사용해야 글루텐 형성을 억제하고 수분을 증발시켜 튀김이 눅눅해지지 않는다.

| 22 | ① | 23 | ① | 24 | ③ | 25 | ④ |

26 생선을 조리하는 방법에 대한 설명으로 틀린 것은?

① 생강과 술은 비린내를 없애는 용도로 사용한다.

② 처음 가열할 때 수분간은 뚜껑을 약간 열어 비린내를 휘발시킨다.

③ 모양을 유지하고 맛 성분이 밖으로 유출되지 않도록 양념간장이 끓을 때 생선을 넣기도 한다.

④ 선도가 약간 저하된 생선은 조미를 비교적 약하게 하여 뚜껑을 덮고 짧은 시간 내에 끓인다.

해설

선도가 저하된 생선은 조미를 강하게 하여 맛을 진하게 하는 것이 좋다. 반면에 신선한 생선과 흰 살 생선은 물과 설탕을 조금 넣어 단시간에 삶고 내고, 지방 함량이 높고 육질이 연하며 냄새가 강한 생선은 다량의 물을 부어 장시간 삶아 맛을 배게 하는 게 좋다.

27 식단을 작성할 때 구비해야 하는 자료로 가장 거리가 먼 것은?

① 계절 식품표

② 기기 위생점검표

③ 대치 식품표

④ 식품영양구성표

해설

식단 작성 시 구비서류는 기기위생 점검표는 식단 작성 시 필요하지 않다.

28 당용액으로 만든 결정형 캔디는?

① 퐁당(fondant)

② 캐러멜(caramel)

③ 마시멜로우(marshmellow)

④ 젤리(jelly)

해설

결정형 캔디로는 퐁당, 퍼지, 디비니티, 얼음사탕 등이 있고 비결정형 캔디로는 캐러멜, 태피, 브리틀, 토피 등이 있다.

29 기초대사량에 대한 설명으로 옳은 것은?

① 단위체표면적에 비례한다.

② 정상 시보다 영양상태가 불량할 때 더 크다.

③ 근육조직의 비율이 낮을수록 더 크다.

④ 여자가 남자보다 대사량이 더 크다.

해설

기초대사량이란 생명유지에 필요한 최소한의 에너지량으로 단위체표면적에 비례한다. 근육이 많을수록, 남자가 여자보다 더 크며 영양상태가 불량할수록 기초대사량이 낮다.

| 26 | ④ | 27 | ② | 28 | ① | 29 | ① |

30 제품의 제조수량 증감에 관계없이 매월 일정액이 발생하는 원가는?

① 고정비

② 비례비

③ 변동비

④ 체감비

해설

제품의 제조수량 증감에 관계없이 매월 일정액이 발생하는 원가는 고정비이다.

31 일반 가열 조리법으로 예방하기 가장 어려운 식중독은?

① 살모넬라에 의한 식중독

② 웰치균에 의한 식중독

③ 포도상구균에 의한 식중독

④ 병원성 대장균에 의한 식중독

해설

황색포도상구균이 생산한 장독소(엔테로톡신 : Enterotoxin)는 100℃에서 30분간 가열해도 파괴되지 않는다. 200℃ 이상에서 30분 이상 가열해야 독소가 파괴되므로 일반적인 가열 조리법으로는 예방하기 어렵다.

32 살모넬라에 대한 설명으로 틀린 것은?

① 그람음성 간균으로 동식물계에 널리 분포하고 있다.

② 내열성이 강한 독소를 생성한다.

③ 발육 적온은 37℃이며 10℃ 이하에서는 거의 발육하지 않는다.

④ 살모넬라균에는 장티푸스를 일으키는 것도 있다.

해설

살모넬라균은 열에 약하며 장염 비브리오균, 병원성 대장균, 콜레라균 등과 같이 감염형 식중독균에 속한다. 독소형 식중독균인 황색포도상구균은 내열성이 강한 장독소(엔테로톡신)를 생성한다.

33 보건복지가족부령이 정하는 위생등급기준에 따라 위생관리상태 등이 우수한 집단급식소를 우수업소 또는 모범업소로 지정할 수 없는 자는?

① 식품의약품안전청장

② 보건환경연구원장

③ 시장

④ 군수

해설

[식품위생법 제 47조] **식품의약품안전청장 또는 특별자치도지사·시장·군수·구청장**은 보건복지부령으로 정하는 위생등급 기준에 따라 위생관리 상태 등이 우수한 식품등의 제조·가공업소, 식품접객업소 또는 집단급식소를 우수업소 또는 모범업소로 지정할 수 있다.

| 30 | ① | 31 | ③ | 32 | ② | 33 | ② |

34 한국인의 영양섭취기준(KDRIs)의 구성요소가 아닌 것은?

① 하한섭취량

② 충분섭취량

③ 권장섭취량

④ 평균필요량

한국인의 영양섭취 기준

- **평균필요량**(Estimated Average Requirements: EAR)
  건강한 사람들의 일일 영양필요량의 중앙값
- **권장섭취량**(Recommended Intake: RI)
  평균필요량에 표준편차의 2배를 더하여 정한 값
- **충분섭취량**(Adequate Intake: AI)
  평균필요량 정보 부족 시, 건강인의 영양섭취량을 토대로 설정한 값
- **상한섭취량**(Tolerable Upper Intake Level: UL)
  인체 건강에 유해영향이 나타나지 않는 최대 영양소 섭취수준

35 다음 중 감염형 식중독이 아닌 것은?

① 포도상구균 식중독

② 살모넬라 식중독

③ 장염비브리오 식중독

④ 리스테리아 식중독

포도상구균 식중독은 독소형 식중독이다.

36 과거 일본 미나마타병의 집단발병 원인이 되는 중금속은?

① 카드뮴　　　　② 납

③ 수은　　　　　④ 비소

미나마타병 집단발병 원인은 수은 중독이다.

37 사용이 허가된 발색제는?

① 폴리 아크릴산 나트륨

② 알긴산 프로필렌 글리콜

③ 카르복시 메틸 스타치 나트륨

④ 아질산 나트륨

아질산 나트륨은 햄, 소시지, 베이컨 등 식육 가공품과 동물성 가공식품, 명란젓, 연어 알젓 등의 **발색 및 방부보존**에 사용이 허가된 식품첨가제이다.

38 질병에 걸린 경우 동물의 몸 전부를 사용하지 못하는 질병은?

① 리스테리아증　　② 염증

③ 종양　　　　　　④ 기생충증

리스테리아증은 인수공통전염병이며 발병 시 뇌 손상으로 동물의 몸 전부를 사용하지 못한다. 주로 동물성 식품을 원료로 가공한 식품의 불완전한 취급 시 또는 불충분한 가열 살균 처리를 한 유제품, 식육제품에서 검출된다.

| 34 | ① | 35 | ① | 36 | ③ | 37 | ④ | 38 | ① |

39 단백질의 부패 생성물이 아닌 것은?

① 암모니아

② 아민류

③ 글리세린

④ 황화수소

해설

글리세린은 지방을 분해하여 얻어지는 무색, 무취의 액체이다. 점성이 매우 강한 특징이 있으며, 3개의 수산기를 가진 3가 알코올이다. 단백질은 부패 시 팹톤(peptone), 폴리펩타이드(polypeptide), 아미노산(amino acid)으로 분해된 후 황화수소가스(H_2S), 암모니아가스(NH_3), 아민(amine), 메탄(methane) 등을 생성하면서 심한 악취를 풍긴다.

40 식품위생법의 화학적 수단에 의하여 원소 또는 화합물에 분해반응 외의 화학반응을 일으켜 얻은 물질은?

① 식품첨가물

② 화학적 합성품

③ 표시

④ 기구

해설

화학적 수단에 의한 화학반응 → 화학적 합성품

41 지방 성분이 분해되어 독성물질이나 악취를 발생시키는 경우를 일컫는 말은?

① 산패   ② 발효

③ 호흡   ④ 부패

해설

지방 성분을 공기 중에 장시간 노출하거나 고온으로 가열하였을 때 맛과 색상이 나빠지며 악취가 발생하는 등 변화가 생기는 현상을 산패라고 한다.

42 다음 중 보존료가 아닌 것은?

① 안식향산(Benzoicacid)

② 소르빈산(Sorbic acid)

③ 프로피온산(Propionic acid)

④ 구아닐산(Guanylic acid)

해설

안식향산, 소르빈산, 프로피온산은 보존료로 쓰이나 구아닐산은 표고버섯의 감칠맛 성분이다.

43 다음 식품첨가물 중 유해한 착색료는?

① 아우라민   ② 둘신

③ 롱가릿   ④ 붕산

해설

아우라민은 황색 타르 색소로 과자, 단무지, 팥앙금류 등에 사용 시 두통, 맥박 감소, 의식불명 등을 일으키는 발암물질이다. 현재 사용 금지하고 있다. 둘신은 발암물질로 사용이 금지된 인공감미료(설탕의 250배)이며, 롱가릿은 발암물질인 포름알데히드가 다량 들어 있는 표백제, 붕산은 소독, 살충제이다.

| 39 | ③ | 40 | ② | 41 | ① | 42 | ④ | 43 | ① |

44 영양소에 대한 설명 중 틀린 것은?

① 영양소는 식품의 성분으로 생명현상과 건강을 유지하는데 필요한 요소이다.

② 건강이라 함은 신체적, 정신적, 사회적으로 건전한 상태를 말한다.

③ 물은 체조직 구성요소로서 보통 성인체중의 2/3를 차지하고 있다.

④ 조절소란 열량을 내는 무기질과 비타민을 말한다.

해설

영양소는 탄수화물, 단백질, 지방 등 열량을 내고 에너지원의 역할을 하는 **열량소**와 비타민, 무기질, 물 등 생활기능을 조절하는 역할의 **조절소**로 나뉜다.

45 밀폐된 포장식품 중에서 식중독이 발생했다면 주로 어떤 균에 의해서인가?

① 살모넬라균(Salmonella)

② 대장균(E. coli)

③ 아리조나균(Arisona)

④ 클로스트리디움 보툴리눔(Cl. botulinum)

해설

클로스트리디움 보툴리눔은 산소가 없는 곳에서도 생존하며 열에 강한 포자를 만들어 살균 처리하여 균이 죽더라도 포자는 생존할 수 있다.

46 양갱의 점성, 탄력 및 투명도를 증가시키기 위해 넣는 재료는?

① 설탕

② 소금

③ 물

④ 팥앙금

해설

양갱 제조 시 점탄성 부여 및 투명도 증가를 위해 설탕을 넣는다.

47 다음 연결한 것 중 적당하지 않은 것은?

① 과자류 - 박력분

② 면류 - 중력분

③ 식빵, 마카로니 - 박력분

④ 케이크 -박력분

해설

밀가루는 글루텐 함량에 따라 강력분, 중력분, 박력분으로 구분한다. 글루텐 함량이 13% 이상으로 높은 강력분은 반죽이 끈끈하고 점성이 크므로 식빵, 마카로니, 스파게티면 등에 적합하다.

| 44 | ④ | 45 | ④ | 46 | ① | 47 | ③ |

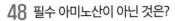

48 필수 아미노산이 아닌 것은?

① 메티오닌(methionine)

② 트레오닌(threonine)

③ 글루타민산(glutamic acid)

④ 라이신(lysine)

해설

필수 아미노산에는 메티오닌, 트레오닌, 라이신, 발린, 류신, 이소류신, 페닐알라닌, 트립토판 8종이 있다.

49 신선한 생육의 환원형 미오글로빈이 공기와 접촉하면 분자상의 산소와 결합하여 옥시미오글로빈으로 되는데 이때의 색은?

① 어두운 적자색

② 선명한 적색

③ 어두운 회갈색

④ 선명한 분홍색

해설

미오글로빈은 원래 어두운 적자색이지만 공기 중 산소와 결합하면 **선명한 적색**의 옥시미오글로빈이 된다.

50 영양소와 그 기능의 연결이 틀린 것은?

① 유당(젖당) - 정장 작용

② 셀룰로오스 - 변비 예방

③ 비타민 K - 혈액응고

④ 칼슘 - 헤모글로빈 구성 성분

해설

헤모글로빈의 구성 성분은 철(Fe)이며, 칼슘은 혈액응고와 근육 수축 및 신경전달 과정에 중요한 역할을 한다.

51 요오드가가 100~130인 식물성 기름이 아닌 것은?

① 참기름

② 면실유

③ 대두유

④ 들기름

해설

들기름, 아마인유 등은 요오드가 130 이상인 건성유이다. 참기름, 면실유, 미강유, 옥수수유 등은 요오드가 100~130의 반건성유이며 땅콩유, 올리브유, 피마자유, 야자유, 동백유 등은 요오드가 100 이하의 불건성유이다. 요오드가는 불포화도를 나타내며 탄소의 이중결합이 있으면 불포화 지방산, 없으면 포화 지방산이다.

52 미숫가루를 만들 때 건열로 가열하면 전분이 열분해되어 덱스트린이 만들어진다. 이 열분해과정을 무엇이라고 하는가?

① 호화
② 노화
③ 호정화
④ 전화

해설

호정화에 대한 설명으로 예로는 쌀, 옥수수 등을 튀겨 뻥튀기를 만들 때, 식빵을 토스터에 구울 때, 밀가루나 빵가루를 입혀 기름에 튀길 때, 곡류를 볶아 미숫가루를 만들 때 등이 있다.

53 다음 성분 중 생선묵의 점탄성을 부여하기 위해 첨가하는 물질은?

① 소금
② 전분
③ 설탕
④ 술

해설

생선묵의 점탄성은 전분을 첨가하여 얻는다.

54 다음 설명이 잘못된 것은?

① 무 초절임 쌈을 할 때 얇게 썰은 무를 식소다 물에 담가두면 무의 색소성분이 알칼리에 의해 더욱 희게 유지된다.
② 양파 썬 것의 강한 향을 없애기 위해 식초를 뿌려 효소작용을 억제시켰다.
③ 사골의 핏물을 우려내기 위해 찬물에 담가 혈색소인 수용성 헤모글로빈을 용출시켰다.
④ 모양을 내어 썬 양송이에 레몬즙을 뿌려 색이 변하는 것을 산을 이용해 억제시켰다.

해설

무, 배추 등 흰색 채소는 플라보노이드(안토잔틴) 성분을 다량 가지고 있는데 여기에 식소다(알칼리)가 닿으면 누렇게 변한다.

55 젤 형성을 이용한 식품과 젤 형성 주체성분의 연결이 바르게 된 것은?

① 양갱 - 펙틴
② 도토리묵 - 한천
③ 족편 - 젤라틴
④ 과일잼 – 전분

해설

양갱의 젤 형성은 한천, 도토리묵 등 묵종류는 전분으로 젤 형성을 한다. 또한 과일잼은 과실 속 당류인 펙틴으로 젤을 형성하며 족편은 동물성 유도단백질인 젤라틴으로 젤을 형성한다.

52	③	53	②	54	①	55	③

56 상수를 여과함으로써 얻는 효과는?

① 온도조절 　　② 세균 감소

③ 수량조절 　　④ 탁도 증가

 해설

상수 여과를 통해 세균 감소와 수질개선 효과를 얻을 수 있다.

57 밀가루 제품의 가공특성에 가장 큰 영향을 미치는 것은?

① 라이신 　　② 글로불린

③ 트립토판 　　④ 글루텐

 해설

밀가루 제품의 가공 시에는 글루텐의 많고 적음에 따라 가장 큰 영향을 받는다. 라이신과 트립토판은 필수아미노산이나 밀가루에는 그 함량이 매우 적으며, 글로불린은 밀가루를 구성하는 수용성 단순단백질로 제품의 가공에는 큰 영향을 미치지 않는다.

58 전분에 대한 설명으로 틀린 것은?

① 찬물에 쉽게 녹지 않는다.

② 달지는 않으나 온화한 맛을 준다.

③ 동물 체내에 저장되는 탄수화물로 열량을 공급한다.

④ 가열하면 팽윤되어 점성을 갖는다.

해설

전분은 단당류인 포도당이 수천, 수만 개가 결합된 다당류로 포도당(글루코스)로 분해되어 대부분 우리 몸에 필요한 에너지원으로 사용된다. 남는 부분은 글리코겐으로 변환되어 간과 근육에 하루 필요량 정도로 소량 저장되거나 지방으로 전환되어 축적되면서 살이 찌게 된다.

59 효소의 주된 구성 성분은?

① 단백질

② 지방

③ 탄수화물

④ 포도당

해설

효소의 주된 성분은 단백질이다.

60 신선한 달걀을 감별하는 방법으로 틀린 것은?

① 햇빛이나 전등 불빛을 비췄을 때 공기집이 작을수록 신선하다.

② 흔들었을 때 내용물에 잘 흔들려야 신선하다.

③ 6% 농도의 소금물에 잘 가라앉는다.

④ 깨뜨려서 접시에 놓으면 노른자가 볼록하고 흰자의 점도가 높다.

 해설

신선한 달걀은 흔들었을 때 잘 내용물이 흔들리지 않는다.

| 56 | ② | 57 | ④ | 58 | ③ | 59 | ① | 60 | ② |

최신 CBT 복원 실전모의고사 5회

01 치즈제조에 사용되는 우유단백질을 응고시키는 효소는?

① 프로테아제(protease)

② 레닌(rennin)

③ 아밀라아제(amylase)

④ 말타아제(maltase)

해설

우유에 들어 있는 응유효소는 레닌이다.

02 식품이 나타내는 수증기압이 0.75기압이고, 그 온도에서 순수한 물의 수증기압이 1.5기압일 때 식품의 상대습도(RH)는?

① 40

② 50

③ 60

④ 80

해설

식품의 상대습도(RH : Relative Humidity, 단위 %)는 순수한 물의 수증기압에 대한 식품의 수증기압이므로 분수로 나타내면,

식품의 상대습도(%) = $\dfrac{식품의\ 수증기압}{순수한\ 물의\ 수증기압}$ X 100

= $\dfrac{0.75}{1.5}$ × 100 = 50(%)

03 아밀로펙틴(amylopectin)의 함량이 가장 많은 것은?

① 멥쌀

② 보리

③ 찹쌀

④ 좁쌀

해설

보통 멥쌀은 아밀로오스 20~25%, 아밀로펙틴 75~80% 함유되어 있으나, 찹쌀은 아밀로펙틴이 97~100%로 구성되어 있다.

04 빵 제조 시 설탕을 사용하는 주 목적과 가장 거리가 먼 것은?

① 곰팡이의 발육을 억제하기 위해서이다.

② 단맛을 주기 위해서이다.

③ 표면의 갈색화에 도움을 준다.

④ 효모의 성장을 촉진시키기 위해서이다.

해설

설탕이 곰팡이 발육을 억제하지는 않는다.
- 제빵 시 설탕의 역할
• 단맛 내기
• 수분 보유력 증가로 제품 수명 연장
• 전분의 노화 방지
• 기포 형성 시 볼륨감 향상
• 달걀 거품을 안정시키고 표면의 갈색화(구음색) 발현
• 효모의 성장 촉진

| 01 | ② | 02 | ② | 03 | ③ | 04 | ① |

05 카제인(casein)은 어떤 단백질에 속하는가?

① 당단백질

② 지단백질

③ 유도단백질

④ 인단백질

해설

카제인은 포유류의 젖에서 널리 발견되는 인단백질의 한 종류이다.

Tip! 카제인-인단백질

06 비타민 A의 전구물질로 당근, 호박, 고구마, 시금치에 많이 들어 있는 성분은?

① 안토시아닌

② 카로틴

③ 리코펜

④ 에르고스테롤

해설

녹황색 채소에 다량 함유된 색소인 카로티노이드 중에 비타민 A의 전구체로 가장 효력이 큰 것은 베타카로틴(β-carotene)이다.

07 근채류 중 생식하는 것보다 기름에 볶는 조리법을 적용하는 것이 좋은 식품은?

① 무　　　　　　② 고구마

③ 토란　　　　　④ 당근

해설

당근을 기름에 볶으면 비타민 C의 파괴를 막고, 지용성인 베타카로틴의 흡수율을 훨씬 더 높일 수 있다.

08 갈변반응으로 향기와 색이 좋아지는 식품이 아닌 것은?

① 홍차　　　　　② 간장

③ 된장　　　　　④ 녹차

해설

녹차에 존재하는 카테킨이라는 성분은 시간이 지남에 따라 산화되어 갈변하는데 이때 향기와 색은 나쁘게 변하지만, 홍차, 간장, 된장 등의 갈변은 향기와 색을 좋아지게 한다.

09 다음 중 식품의 일반성분이 아닌 것은?

① 수분　　　　　② 효소

③ 탄수화물　　　④ 무기질

해설

식품학에서 말하는 식품의 일반성분이란 단백질, 지방, 탄수화물, 비타민, 무기질을 뜻하며, 특수성분은 색깔, 냄새, 맛, 효소 등을 의미한다.

| 05 | ④ | 06 | ② | 07 | ④ | 08 | ④ | 09 | ② |

10 수박에 대한 설명 중 옳지 않은 것은?

① 과육의 색은 안토시안 색소이다.

② 무기질로서 K이 많고 비타민 A, B, C가 소량 들어 있다.

③ 과즙은 이뇨 효과가 있고 신장병에 좋다.

④ 수분과 당분이 많아서 여름 과실로 적합하다.

해설

수박 과육의 붉은 색은 토마토와 당근, 파파야의 붉은 색과 마찬가지로 카로티노이드계 색소인 라이코펜으로 인해 나타난다.

11 두부 제조의 주체가 되는 성분은?

① 레시틴   ② 글리시닌

③ 자당   ④ 키틴

해설

두부는 콩 단백질의 주성분인 글리시닌을 가열한 다음 양전하를 가지는 염화칼슘이나 염화마그네슘 등 염류 또는 산을 넣어 침전, 응고시켜 만든다.

12 강한 유화작용을 갖고 있어 지방질 식품들의 유화제로서 사용되고 있는 것은?

① 왁스   ② 스테로이드

③ 맥아당   ④ 레시틴

해설

레시틴은 지방을 용해시켜 씻겨내고 이동시키는 작용을 한다.

Tip! 지방 유화제 → 레시틴

13 단백질에 관한 설명 중 옳은 것은?

① 인단백질은 단순단백질에 인산이 결합한 단백질이다.

② 지단백질은 단순단백질에 당이 결합한 단백질이다.

③ 당단백질은 단순단백질에 지방이 결합한 단백질이다.

④ 핵단백질은 단순단백질 또는 복합단백질이 화학적 또는 산소에 의해 변화된 단백질이다.

해설

단순단백질에 인산 결합 → 인단백질 (예 우유의 카제인, 난황의 비텔린)

14 다음 동물성 지방의 종류와 급원 식품이 잘못 연결된 것은?

① 라드 - 돼지고기의 지방조직

② 우지 - 소고기의 지방조직

③ 마가린 - 우유의 지방

④ DHA - 생선기름

해설

마가린은 식물성 기름에 수소를 첨가하여 실온에서 고체가 되게 가공한 경화유이다.

| 10 | ① | 11 | ② | 12 | ④ | 13 | ① | 14 | ③ |

15 어떤 단백질의 질소함량이 18%라면 이 단백질의 질소계수는 약 얼마인가?

① 5.56

② 6.30

③ 6.47

④ 6.67

해설

질소계수는 총 질소함량이 주어지고, 역으로 식품 중 단백질량을 구하는 경우 곱해주는 계수로 질소함량 18%라면 질소계수는 100/18 = 5.55··· 약 5.56 이다.

16 HACCP 인증 단체급식업소(집단급식소, 식품접객업소, 도시락류 포함)에서 조리한 식품은 소독된 보존식 전용 용기 또는 멸균 비닐봉지에 매회 1인분 분량을 담아 몇 ℃ 이하에서 얼마 이상의 시간 동안 보관하여야 하는가?

① 4℃ 이하, 48시간 이상

② 0℃ 이하, 100시간 이상

③ -10℃ 이하, 200시간 이상

④ -18℃ 이하, 144시간 이상

해설

HACCP 인증 단체급식업소 조리 식품 보관 온도와 시간 기준은 -18℃ 이하, 144시간 이상이다.

17 특히 칼슘(Ca)과 인(P)의 대사이상을 초래하여 골연화증(骨軟化症)을 유발하는 유해금속은?

① 철   ② 카드뮴

③ 수은   ④ 주석

해설

카드뮴에 장기간 노출되면 소변에서 뇨단백이 검출되며 만성 중독 시, 골연화증, 골다공증, 특발성 골절 등이 나타난다. 카드뮴 중독의 예로는 이타이이타이병이 있다.

18 곰팡이독(mycotoxin)과 관계 깊은 것은?

① 엔테로톡신(enterotoxin)

② 라이신(lysine)

③ 아플라톡신(aflatoxin)

④ 테트르도톡신(tetrodotoxin)

해설

아플라톡신은 산패한 호두, 땅콩, 캐슈넛, 피스타치오 등의 견과류에 발생하는 발암성 곰팡이 독소이다.

19 식품의 변질 및 부패를 일으키는 주원인은?

① 미생물   ② 기생충

③ 농약   ④ 자연독

해설

식품의 변질 및 부패는 미생물에 의해 물질이 변하여 인간에게 해를 끼치는 것을 의미한다. 미생물 대사의 산물이 인간에게 이로운 물질일 경우에는 발효라고 한다.

| 15 | ① | 16 | ④ | 17 | ② | 18 | ③ | 19 | ① |

20 카드뮴(cd) 중독에 의해 발생되는 질병은?

① 미나마타(Minamata)병

② 이타이이타이(Itai-itai)병

③ 스팔가눔병(Sparganosis)

④ 브루셀라(Brucellosis)병

 해설

이타이이타이(イタイイタイ)는 "아파아파"의 의미로, 1912년 일본 도야마현의 진즈강 하류에서 발생한 대량의 카드뮴이 인간의 뼈에 축적되어 발생한 공해병을 말한다.

21 빵을 비롯한 밀가루제품에서 밀가루를 부풀게 하여 적당한 형태를 갖추게 하기 위해 사용되는 첨가물은?

① 팽창제

② 유화제

③ 피막제

④ 산화방지제

해설

밀가루를 부풀게 하는 첨가물 → 팽창제

22 다음 중 곰팡이 독소와 독성을 나타내는 곳을 잘못 연결한 것은?

① 오크라톡신(ochratoxin) - 간장독

② 아플라톡신(aflatoxin) - 신경독

③ 시트리닌(citrinin) - 신장독

④ 스테리그마토시스틴(sterigmatocystin) - 간장독

 해설

아플라톡신은 간세포의 괴사를 일으키는 독소로서 간암을 유발하는 간장독이다. 신경독은 중추신경계 또는 뇌에 장애를 일으키는 곰팡이 독소로 파튤린(patulin)이 대표적이다.

23 경구전염병과 비교하여 세균성 식중독이 가지는 일반적인 특성은?

① 소량의 균으로도 발병한다.

② 잠복기가 짧다.

③ 2차 발병률이 매우 높다.

④ 감염환(infection cycle)이 성립한다.

 해설

세균성 식중독은 경구감염병에 비해 잠복기가 짧으며, 다량의 균으로 발병하며, 2차 감염이 일어나지 않는다. 또한 병이 생긴 생물에 세균이 번식하고 있을 때 이곳에서부터 새로운 감염이 다시 전파되어 다른 생물에게 병이 옮겨지는 감염환(infection cycle)이 성립하지 않는다.

| 20 | ② | 21 | ① | 22 | ② | 23 | ② |

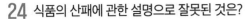

24 식품의 산패에 관한 설명으로 잘못된 것은?

① 식품에 들어 있는 지방질이 산화되는 현상이다.

② 맛, 냄새가 변한다.

③ 유지가 가수분해 되어 일어나기도 한다.

④ 부패와 반응 기질이 같다.

해설

산패는 지방성분이 산소의 흡수로 산화되거나 산, 알칼리 및 효소에 의하여 유리 지방산이 생성되어 맛과 냄새가 나쁘게 변하는 반응이고, 부패는 미생물에 의한 물질의 변화이므로 그 기질이 서로 다르다.

25 알레르기성 식중독에 관계되는 원인 물질과 균은?

① 아세토인(acetoin), 살모넬라균

② 지방(fat), 장염 비브리오균

③ 엔테로톡신(enterotoxin), 포도상구균

④ 히스타민(histamine), 모르가니균

해설

알레르기성 식중독은 모르가니균(Proteus morgani)이 유독아민인 히스타민(histamine)을 생성, 체내에 축적되어 발생한다.

26 살모넬라균에 의한 식중독의 특징 중 틀린 것은?

① 장독소(enterotoxin)에 의해 발생한다.

② 잠복기는 보통 12~24시간이다.

③ 주요증상은 메스꺼움, 구토, 복통, 발열이다.

④ 원인식품은 대부분 동물성 식품이다.

해설

살모넬라균에 의한 식중독은 잠복기가 보통 12~24시간으로 대부분 동물성 식품을 충분히 가열하지 않고 섭취하는 경우 발생하며 메스꺼움, 구토, 복통, 발열 등을 일으킨다. 장독소(엔테로톡신)는 독소형 식중독균 황색포도상구균에 의해 생성된다.

27 다음 중 현재 사용이 허가된 감미료는?

① 글루타민산나트륨(MSG)

② 에틸렌글리콜(Ethylene glycol)

③ 사이클라민산나트륨(Sosium cyclamate)

④ 삭카린 나트륨(Saccharin sodium)

해설

감미료는 음식에 단맛이 나게 하는 조미료 또는 첨가물로 삭카린 나트륨은 사용량 기준을 정하여 허가된 감미료이다. 글루타민산나트륨은 감칠맛을 내는 향미증진제이며, 에틸렌글리콜은 부동액과 다이너마이트 원료로 사용된다. 사이클라민산나트륨은 사용이 금지된 인공 감미료이다.

| 24 | ④ | 25 | ④ | 26 | ① | 27 | ④ |

28 어패류의 선도 평가에 이용되는 지표성분은?

① 헤모글로빈

② 트리메틸아민

③ 메탄올

④ 이산화탄소

해설

어패류의 선도 평가 지표성분은 어패류의 썩는 냄새, 즉 비린내 성분인 트리메틸아민이다.

29 다음 중 식품위생법 제2조에서 정의하는 "집단급식소"에 대한 설명으로 옳은 것은?

① 영리를 목적으로 하는 모든 급식소를 일컫는 용어이다.

② 영리를 목적으로 하지 않고 부정기적으로 1개월에 1회씩 음식물을 공급하는 급식소도 포함된다.

③ 영리를 목적으로 하지 않고 계속적으로 상시 1회 50인 이상에게 식사를 제공하는 급식소를 말한다.

④ 영리를 목적으로 하지 않고 계속적으로 불특정 다수인에게 음식물을 공급하는 급식소를 말한다.

해설

집단급식소 → 비영리, 상시 1회 50인 이상

30 HACCP의 의무적용 대상 식품에 해당하지 않는 것은?

① 빙과류

② 비가열음료

③ 껌류

④ 레토르트식품

해설

껌류는 HACCP의 의무적용 대상 식품에 해당하지 않는다.

31 생선의 어취 제거 방법으로 옳지 않은 것은?

① 미지근한 물에 담갔다가 그 물과 함께 조리

② 조리 전 우유에 담갔다가 꺼내어 조리

③ 식초나 레몬즙 첨가

④ 고추나 겨자 사용

해설

미지근한 물에서는 세균 증식이 왕성해져 비린내가 심해진다.

| 28 | ② | 29 | ③ | 30 | ③ | 31 | ① |

32 대규모의 주방에서 조리설비의 배치로 가장 이상적인 것은?

① 일렬형

② 병렬형

③ ㄷ자형

④ 아일랜드형

해설

대규모 주방에서는 동일 면적 대비 작업 동선이 가장 짧은 "ㄷ"자형 배치가 적당하다.

33 높은 열량을 공급하고, 수용성 영양소의 손실이 가장 적은 조리방법은?

① 삶기

② 끓이기

③ 찌기

④ 튀기기

해설

높은 열량을 공급하고 수분을 가둬 수용성 영양소 손실을 최소화할 수 있는 조리법은 튀기기이다.

34 자색 양배추, 가지 등 적색채소를 조리할 때 색을 보존하기 위한 가장 바람직한 방법은?

① 뚜껑을 열고 다량의 조리수를 사용한다.

② 뚜껑을 열고 소량의 소리수를 사용한다.

③ 뚜껑을 덮고 다량의 조리수를 사용한다.

④ 뚜껑을 덮고 소량의 조리수를 사용한다.

해설

자색 양배추, 비트, 가지 등의 적색이나 자색은 수용성인 안토시안계 색소로 산에는 안정적이지만 알칼리나 금속과 반응하면 적색이 자색으로 변하게 되므로 조리 시 뚜껑을 덮고 소량의 조리수를 사용한다.

35 다음의 육류요리 중 영양분의 손실이 가장 적은 것은?

① 탕

② 편육

③ 장조림

④ 산적

해설

산적은 영양소 손실이 가장 적은 건열조리법인 굽기로 조리한다. 탕(끓이기), 편육(삶기), 장조림(조림) 등은 물을 이용한 습열 조리로 수용성 영양성분이 손실된다.

| 32 | ③ | 33 | ④ | 34 | ④ | 35 | ④ |

36 미역국을 끓일 때 1인분에 사용되는 재료와 필요량, 가격이 아래와 같다면 미역국 10인분에 필요한 재료비는? (단, 총 조미료의 가격 70원은 1인분 기준임)

재료	필요량(g)	가격(원/100g당)
미역	20	150
쇠고기	60	850
총 조미료	-	70(1인분)

① 610원　　　② 6,100원
③ 870원　　　④ 8,700원

미역국 10인분의 필요한 재료량을 구하면 미역 20g / 1인분, 쇠고기 60g / 1인분 이 필요하므로 10인분에는 미역 200g과 쇠고기 600g이 필요하다.
• 미역은 100g 당 150원이므로 200g은
　150 X 2 = 300원
• 쇠고기는 100g 당 850원이므로 600g은
　850 X 6 = 5,100원
• 총 조미료는 1인분에 70원이므로 70 X 10인분 = 700원. 따라서, 미역국 10인분에 필요한 총 재료비는
　300 + 5100 + 700 = 6,100원

37 다음 급식시설 중 1인 1식 사용 급수량이 가장 많이 필요한 시설은?
① 학교급식
② 보통급식
③ 산업체급식
④ 병원급식

급식 시설별 1인 1식 물 사용량 [병원급식이 가장 大]
• 일반급식 5~10리터
• 학교급식 4~6리터
• **병원급식 10~20리터**

38 조리기구의 재질 중 열전도율이 커서 열을 전달하기 쉬운 것은?
① 유리
② 도자기
③ 알루미늄
④ 석면

알루미늄의 열전도율은 237로 유리(1.1), 도자기(1~1.6), 석면(0.16) 보다 열전도율이 훨씬 크다. 석면은 발암물질로 조리기구 재료로 부적당하다.

39 표준조리 레시피를 만들 때 포함되어야 할 사항이 아닌 것은?
① 메뉴명
② 조리시간
③ 1일 단가
④ 조리방법

단체급식의 품질과 생산량 통제를 위해 작성하는 표준조리 레시피에는 **메뉴명과 조리방법, 조리시간**이 포함되며 그 밖에 총 생산량과 1인분량, 사용기기, 배식 등의 내용도 포함한다.

36	②	37	④	38	③	39	③

40 다음 중 집단급식소에 속하지 않는 것은?

① 초등학교의 급식시설

② 병원의 구내식당

③ 기숙사의 구내식당

④ 대중음식점

집단급식소는 영리를 목적으로 하지 아니하면서 특정 다수인에게 계속하여 음식물을 공급하는 시설로 대통령령으로 정한다. 대중음식점은 집단급식소가 아니다.

41 조리실의 설비에 관한 설명으로 맞는 것은?

① 조리실 바닥의 물매는 청소 시 물이 빠지도록 1/10 정도로 해야 한다.

② 조리실의 바닥면적은 창면적의 1/2~1/5로 한다.

③ 배수관의 트랩의 형태 중 찌꺼기가 많은 오수의 경우 곡선형이 효과적이다.

④ 환기설비인 후드(hood)의 경사각은 30°로, 후드의 형태는 4방 개방형이 가장 효율적이다.

조리실 바닥은 청소와 배수가 용이하도록 물매는 1/100 정도가 적당하다. 창문의 면적은 바닥면적의 20~30%로 한다. 배수관 트랩은 찌꺼기가 많은 경우 곡선형은 막힐 우려가 크므로 찌꺼기를 걸러주는 수조형 트랩이 적합하다.

42 아미노카르보닐화 반응, 캐러멜화 반응, 전분의 호정화가 일어나는 온도의 범위는?

① 20~50℃

② 50~100℃

③ 100~200℃

④ 200~300℃

해설

아미노카르보닐화 반응, 캐러멜화 반응, 전분의 호정화는 모두 100~200℃ 범위에서 일어난다.

43 버터의 특성이 아닌 것은?

① 독특한 맛과 향기를 가져 음식에 풍미를 준다.

② 냄새를 빨리 흡수하므로 밀폐하여 저장하여야 한다.

③ 유중수적형이다.

④ 성분은 단백질이 80% 이상이다.

해설

상업용 버터의 경우 80%의 유지방과 15%의 수분으로 이루어져 있고, 전통적인 방법으로 만든 버터는 대략 65%의 지방과 30%의 수분으로 이루어져 있다. 버터, 마가린 등 기름에 물이 분산되어 있는 경우 유중수적형이라 하고, 우유, 아이스크림, 마요네즈, 샐러드 드레싱 등 물에 기름이 분산되어 있는 경우 수중유적형이라 한다.

| 40 | ④ | 41 | ④ | 42 | ③ | 43 | ④ |

44 달걀의 열응고성을 이용한 것은?

① 마요네즈

② 엔젤 케이크

③ 커스터드

④ 스펀지 케이크

 해설

커스터드는 크림의 일종으로 난황과 우유, 설탕 등을 섞어 달걀의 열응고성을 이용해 약한 불로 가열하여 만든다.

45 식품의 냉동에 대한 설명 중 틀린 것은?

① 완두는 씻어서 소금물에 살짝 데쳐 식힌 후 냉동시키면 선명한 녹색을 유지할 수 있다.

② 조리된 케이크, 빵, 떡 등은 부드러운 상태에서 밀봉하여 냉동 저장하였다가 상온에서 그대로 녹이면 거의 원상태로 돌아간다.

③ 파이껍질반죽, 쿠키반죽 등과 같은 반조리된 식품은 밀봉하여 냉동 저장하였다가 다시 사용할 수 없다.

④ 사과 등의 과일은 정량의 설탕이나 설탕시럽을 사용하여 냉동하면 향기나 질감의 손상을 어느 정도 막을 수 있다.

해설

파이껍질반죽, 쿠키반죽 등과 같은 반조리된 식품은 밀봉하여 냉동 저장하였다가 해동하여 다시 사용할 수 있다.

46 우리 몸 안에서 수분의 작용을 바르게 설명한 것은?

① 영양소를 운반하는 작용을 한다.

② 5대 영양소에 속하는 영양소이다.

③ 높은 열량을 공급하여 추위를 막을 수 있다.

④ 호르몬의 주요 구성 성분이다.

해설

우리 몸의 수분은 각종 영양소를 운반하는 작용을 한다. 5대 영양소는 탄수화물, 단백질, 지방, 무기질, 비타민을 일컫는다. 높은 열량을 공급하여 추위를 막을 수 있는 영양소는 지방이며, 대부분의 호르몬의 주요 구성 성분은 단백질이다.

47 기존 위생관리방법과 비교하여 HACCP의 특징에 대한 설명으로 옳은 것은?

① 주로 완제품 위주의 관리이다.

② 위생상의 문제 발생 후 조치하는 사후적 관리이다.

③ 시험분석방법에 장시간이 소요된다.

④ 가능성 있는 모든 위해요소를 예측하고 대응할 수 있다.

해설

HACCP은 식품의 원료 및 제조공정에 대한 사전적 관리이며 시험분석에 장기간이 소요되는 기존 위생관리법(GMP)과 달리 즉각적 조치가 가능한 신속성이 특징이다.

| 44 | ③ | 45 | ③ | 46 | ① | 47 | ④ |

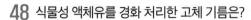

48 식물성 액체유를 경화 처리한 고체 기름은?

① 버터

② 마요네즈

③ 라드

④ 쇼트닝

 해설

쇼트닝, 마가린 등은 불포화 지방산이 많은 액상 기름에 수소를 반응시켜 얻는 고체 상태 지방, 즉 경화유로 수소 첨가유라고도 한다.

49 식품첨가물에 대한 설명으로 틀린 것은?

① 바비큐소스와 우스터소스는 가공조미료이다.

② 맥주의 쓴맛을 내는 호프는 조미료에 속한다.

③ HVP, HAP는 화학적 조미료이다.

④ 설탕은 감미료이다.

해설

HAP(Hydrolyzed Animal Protein)는 동물성 단백질을, HVP(hydrolyzed vegetable protein)는 식물성 단백질을 산으로 분해해 영양원으로 섭취하기 쉽게 만든 **천연 조미 향상 물질**을 뜻한다.

50 두부를 만들 때 콩 단백질을 응고시키는 재료와 거리가 먼 것은?

① $MgCl_2$

② $CaCl_2$

③ $CaSO_4$

④ H_2SO_4

 해설

두부 제조 시 사용되는 단백질 응고제로는 $MgCl_2$(염화마그네슘), $CaCl_2$(염화칼슘), $CaSO_4$(황산칼슘) 등이 있으며, H_2SO_4 황산은 부식성 강산(strong acid)으로 보통 공업용으로 사용된다.

51 다음 중 회복기보균자에 대한 설명으로 옳은 것은?

① 병원체에 감염되어 있지만 임상 증상이 아직 나타나지 않은 상태의 사람

② 병원체를 몸에 지니고 있으나 겉으로는 증상이 나타나지 않는 건강한 사람

③ 질병의 임상 증상이 회복되는 시기에도 여전히 병원체를 지닌 사람

④ 몸에 세균 등 병원체를 오랫동안 보유하고 있으면서 자신은 병의 증상을 나타내지 아니하고 다른 사람에게 옮기는 사람

해설

회복기에도 여전히 병원체를 지닌 사람을 회복기 보균자라 한다.

| 48 | ④ | 49 | ③ | 50 | ④ | 51 | ③ |

52 예방접종이 감염병 관리상 갖는 의미는?

① 병원소의 제거

② 감염원의 제거

③ 환경의 관리

④ 감수성 숙주의 관리

해설

감수성이란 감염이 될 수 있는 성질을 뜻하며, 예방접종은 감수성 숙주를 관리한다는 의미를 갖는다.

53 소음으로 인한 피해와 거리가 먼 것은?

① 불쾌감 및 수면 장애

② 작업능률 저하

③ 위장기능 저하

④ 맥박과 혈압의 저하

해설

맥박과 혈압 저하는 소음 피해와 거리가 멀다.

54 병원성 미생물의 발육과 그 작용을 저지 또는 정지시켜 부패나 발효를 방해하는 조작은?

① 산화　　　　　② 멸균

③ 방부　　　　　④ 응고

해설

방부(防腐)는 미생물 발육과 화학적 변화로 인한 부패나 발효를 방지하는 조작을 의미한다.

55 다음 전염병 중 생후 가장 먼저 예방접종을 실시하는 것은?

① 홍역　　　　　② 백일해

③ 결핵　　　　　④ 파상풍

해설

결핵 예방접종(생후 4주 이내), 디프테리아, 백일해, 파상풍(DTP 1차 : 생후 만2개월), 홍역(1차 : 생후 12개~15개월)

56 위생해충과 이들이 전파하는 질병과의 관계가 잘못 연결된 것은?

① 바퀴 - 사상충

② 모기 - 말라리아

③ 쥐 - 유행성출혈열

④ 파리 - 장티푸스

해설

사상충은 대부분 모기를 매개로 전파된다. (반크롭트사상충-모기, 말레이사상충-모기, 회선사상충-먹파리, 심장사상충-모기) 바퀴가 매개하는 질병은 이질이 대표적이며 장티푸스, 소아마비, 콜레라, 한센병 등도 바퀴에 의해 전파되는 질병이다.

| 52 | ④ | 53 | ④ | 54 | ③ | 55 | ③ | 56 | ① |

57 다음 유지 중 건성유는?

① 땅콩유

② 참기름

③ 아마인유

④ 면실유

 해설

아마인유, 들기름 등은 요오드가 130 이상인 건성유
이다. 참기름, 면실유, 미강유, 옥수수유 등은 요오드가
100~130의 반건성유이며 땅콩유, 올리브유, 피마자유, 야
자유, 동백유 등은 요오드가 100 이하의 불건성유이다. 요
오드가는 불포화도를 나타내며 탄소의 이중결합이 있으
면 불포화 지방산, 없으면 포화 지방산이다.

58 환경위생의 개선으로 발생이 감소되는 감염병과 가
장 거리가 먼 것은?

① 장티푸스

② 콜레라

③ 이질

④ 홍역

 해설

장티푸스, 콜레라, 이질은 감염자의 대소변 등에 오염
된 물이나 음식 등을 통해 감염되므로 환경위생 개선으
로 감소시킬 수 있는 반면, 홍역의 원인은 홍역바이러스
(measle virus)로 환경위생 개선으로 감소되는 감염병과
거리가 멀다.

59 수질검사에서 과망간산칼슘(KMnO₄)의 소비량이 의
미하는 것은?

① 유기물의 양

② 탁도

③ 대장균의 양

④ 색도

해설

수질검사 시 과망간산칼륨(KMmO₄)의 소비량이 많다는
것은 하수, 분뇨, 공장폐수 등 유기물이 다량 함유된 오수
에 의해 오염되었음을 의미한다.

60 금속부식성이 강하고, 단백질과 결합하여 침전이 일
어나므로 주의를 요하며 소독 시 0.1% 정도의 농도
로 사용하는 소독약은?

① 석탄산

② 승홍

③ 크레졸

④ 알코올

해설

승홍에 대한 설명이다. 승홍은 염화수은($HgCl_2$)과 염산, 물
을 1 : 10 : 989 비율로 혼합한 맹독성 소독약이다. 금속
부식성이 강해 금속성의 기구나 기계에는 사용이 제한되
며, 비금속류의 용기 소독에 사용한다.

| 57 | ③ | 58 | ④ | 59 | ① | 60 | ② |

III

기출

스피드 암기노트

기출 스피드 암기노트 ①

◈ 식품첨가물의 주요용도 연결이 옳은 것은?

① 호박산 - 산도 조절제

② 이산화티타늄 - 발색제

③ 명반 - 보존료

④ 삼이산화철 - 표백제

해설

② 이산화티타늄 - 착색제

③ 명반 - 응결제, 매염제

④ 삼이산화철 - 착색제(바나나, 곤약)

◈ 대장균의 최적 증식 온도 범위는 **30~40℃**

◈ 식품에 존재하는 유기물질을 고온으로 가열할 때 단백질이나 지방이 분해되어 생기는 유해물질은?

다환방향족탄화수소

◈ 60℃에서 30분간 가열하면 식품 안전에 위해가 되지 않는 세균은?

살모넬라균

◈ 섭조개에서 문제를 일으킬 수 있는 독소 성분은?

삭시톡신(saxitoxin)

◈ 요구르트 제조는 우유 단백질의 **응고성**을 이용

◈ 어패류의 선도 평가에 이용되는 지표성분은?

트리메틸아민

◈ 식품의 변화현상에 대한 설명 중 틀린 것은?

① 산패 : 유지식품의 지방질 산화

② 부패 : 단백질과 유기물이 부패 미생물에 의해 분해

③ 변질 : 식품의 품질 저하

④ 발효 : 화학물질에 의한 유기화합물의 분해

해설

발효는 **미생물**에 의한 유기화합물의 분해

◈ **국가 보건수준 평가용** 가장 많이 사용되는 지표?

영아 사망률

◈ **모든 미생물을 제거**하여 무균 상태로 하는 조작은
멸균

◈ 식품첨가물 중 보존료의 목적은

미생물에 의한 부패 방지

◈ 알레르기성 식중독을 유발하는

모르가넬라 모르가니

◈ **황색 포도상구균**의 특징이 **아닌** 것은?

① 엔테로톡신(enterotoxin) 생성

② 독소형 식중독 유발

③ 화농성 질환의 원인균

④ 균체가 열에 아주 강하여 사멸되지 않음

해설

황색 포도상구균의 균체는 80℃에서 30분간 가열하면 사멸하지만 이 균에 의해 생성된 장독소인 엔테로톡신(enterotoxin)은 100℃에서 30분간 가열해도 파괴되지 않는다.

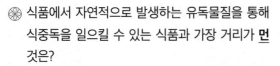

⊛ 식품에서 자연적으로 발생하는 유독물질을 통해 식중독을 일으킬 수 있는 식품과 가장 거리가 **먼** 것은?

① 모시조개   ② 피마자

③ 미숙한 매실   ④ 표고버섯

 해설

· 자연독

모시조개 - 베네루핀, 피마자 - 리신(식물이 만든 가장 강한 독성분), 미숙한 매실 - 아미그달린

⊛ **소시지** 등 가공육 육색을 고정하기 위한 식품첨가물은?

① 발색제   ② 착색제

③ 강화제   ④ 보존제

⊛ **소독의 지표**가 되는 소독제는?

① 석탄산   ② 크레졸

③ 과산화수소   ④ 포르말린

⊛ 과거 일본 **미나마타병**의 집단발병 원인이 되는 중금속은 **수은**

⊛ 칼슘(Ca)과 인(P)이 소변 중으로 유출되는 **골연화증 신장장애** 등을 유발하는 중금속은 **카드뮴**

⊛ **보존식** : 매회 1인분 분량을 -18℃ 이하로 144시간 이상 보관할 것

⊛ **난황 색소 - 카로티노이드**

⊛ **딸기잼 제조** 과정 중 **단백질 변성 응고 작용**이 일어나지 않는다.

     단백질 변성 응고 작용은 ① 치즈 가공 ② 두부 제조 ③ 달걀 삶기 시 일어난다.

⊛ 식품의 위생과 관련된 곰팡이의 특징

     ① 건조식품을 잘 변질시킨다.

     ② 대부분 생육에 <u>산소를 요구</u>하는 <u>절대 호기성 미생물</u>이다.

     ③ 곰팡이독을 생성하는 것도 있다.

     (일반적으로 생육 속도가 세균에 비하여 빠르다. X)

⊛ 미생물의 생육에 필요한 **수분활성도의 크기 비교** **세균 〉 효모 〉 곰팡이**

⊛ **신맛 성분**

     · 구연산(citric acid) - 감귤류

     · 젖산(lactic acid) - 김치류

     · 주석산(tartaric acid) - 포도

     · (호박산(succinic acid) - 늙은 호박 X)

 해설

호박산은 조개류에 많다.

⊛ **카제인**(casein)은 **인**단백질

⊛ 전분 식품의 노화를 억제하는 방법

     · 설탕을 첨가한다, 유화제를 사용한다.

     · 수분 15% 이하로 한다.

     · (식품을 냉장 보관한다. X)

⊛ **완두콩 통조림**을 가열하여도 녹색이 유지되는 것은 Cu-chlorophyll(구리-클로로필) 때문이다.

⊛ 당근은 생식하는 것보다 **기름에 볶는 조리법이 좋다.** ○

⊛ 파라티온(parathion), 말라티온(malathion)과 같이 독성이 강하지만 빨리 분해되어 **만성중독을 일으키지 않는 농약**은?

① 유기인제 농약   ② 유기염소제 농약

③ 유기불소제 농약   ④ 유기수은제 농약

❀ 식품위생법상 "식품을 제조·가공 또는 보존하는 과정에서 식품에 넣거나 섞는 물질 또는 식품을 적시는 등에 사용하는 물질"로 정의된 것은?

① 식품첨가물　　　　② 화학적 합성품

③ 항생제　　　　　　④ 의약품

❀ 소금 절임 시 저장성이 좋아지는 이유는?

고삼투성에 의한 탈수효과로 미생물 생육 억제 때문 (Ph 높낮이와 상관 없다.)

❀ 밀가루의 용도별 분류 기준 성분 - 글루텐

❀ 달걀을 이용한 조리식품 오믈렛, 수란, 커스터드

(치즈 X)

❀ β-전분이 가열에 의해 α-전분으로 되는 현상은 호화

❀ 조리사 면허 취소에 해당하지 않는 것은?

① 식중독이나 그 밖에 위생과 관련한 중대한 사고 발생에 직무상의 책임이 있는 경우

② 면허를 타인에게 대여하여 사용하게 한 경우

③ 조리사가 마약이나 그 밖의 약물에 중독이 된 경우

④ 조리사 면허의 취소처분 받고 그 날부터 2년이 지나지 않은 경우

해설

취소 처분 받고 1년이 지나지 않은 경우

❀ 식품위생법상 식중독 환자를 진단한 의사는 누구에게 제일 먼저 보고하여야 하는가?

① 보건복지부장관

② 경찰서장

③ 보건소장

④ 관할 시장·군수·구청장

❀ 중성지방의 구성 성분은?

① 지방산과 글리세롤

② 아미노산

③ 탄소와 질소

④ 포도당과 지방산

 중성지방 – 지글지글

❀ 젓갈의 숙성에 대한 설명으로 틀린 것은?

① 농도가 묽으면 부패하기 쉽다.

② 호염균의 작용이 일어날 수 있다.

③ 자기소화 효소작용에 의한 것이다.

④ 새우젓의 소금 사용량은 60% 정도가 적당하다.

해설

새우젓의 소금 사용량은 20~40%가 적당하다.

❀ 결합수의 특징이 아닌 것은?

① 전해질을 잘 녹여 용매로 작용한다.

② 자유수보다 밀도가 크다.

③ 식품에서 미생물의 번식과 발아에 이용되지 못한다.

④ 동·식물의 조직에 존재할 때 그 조직에 큰 압력을 가하여 압착해도 제거되지 않는다.

해설

결합수는 식품 중에서 탄수화물이나 단백질 분자의 일부분을 형성하는 물로 용매로 작용하지 않는다.

◈ **레드 캐비지**로 샐러드를 만들 때 **식초**를 조금 넣은 물에 담그면 **고운 적색**을 띠는 것은 어떤 색소 때문인가?

 ① 안토시아닌(anthocyanin)

 ② 클로로필(chlorophyll)

 ③ 안토잔틴(anthoxanthin)

 ④ 미오글로빈(myoglobin)

◈ 조리사가 **식중독**이나 그 밖에 **위생 관련 중대 사고** 발생의 직무상 책임에 대한 **1차 위반 시 행정처분 기준**은?

         업무정지 1개월

◈ **식품접객업** 영업을 하려는 자는 몇 시간의 식품위생교육을 미리 받아야 하는가?   **6시간**

◈ **즉석판매제조·가공업소** 내 **원하는 만큼 덜어서 직접 최종 소비자에게 판매**하는 대상 식품?

   된장, 식빵, 우동 OK (어육제품 X)

◈ **디피티(D.P.T) 기본접종**과 관계있는 병

 ① 디프테리아 ② 파상풍 ③ 백일해**(풍진 X)**

◈ 목화씨 독은 **고시폴(gossypol)**

◈ **사용이 허가**된 산미료는 **구연산**

 (계피산 X, 말톨 X, 초산에틸 X)

◈ 육류 발색제인 **아질산염**이 (중략) 반응하여 생성되는 발암성 물질은?

      니트로사민(nitrosamine)

◈ **우유의 균질화**(homogenization)에 대한 설명이 **아닌** 것은?

 ① 지방구 크기를 0.1~2.2μm 정도로 균일하게 만들 수 있다.

 ② 지방의 소화를 용이하게 한다.

 ③ 큰 지방구의 크림층 형성을 방지한다.

 ④ 탈지유를 첨가하여 지방의 함량을 맞춘다.

해설

우유의 균질화는 지방을 잘게 쪼개어 소화를 용이하게 하는 것을 말한다.

◈ **알칼리성 식품**에 대한 설명으로 옳은 것은?

 ① Na, K, Ca, Mg이 많이 함유되어 있는 식품

 ② S, P, Cl이 많이 함유되어 있는 식품

 ③ 당질, 지질, 단백질 등이 많이 함유되어 있는 식품

 ④ 곡류, 육류, 치즈 등의 식품

해설

②, ③, ④은 산성 식품의 특징이다.

◈ **섬유소와 한천**에 대한 설명 중 틀린 것은?

 ① 산을 첨가하여 가열하면 분해되지 않는다.

 ② 체내에서 소화되지 않는다.

 ③ 변비를 예방한다.

 ④ 모두 다당류이다.

해설

섬유소와 한천은 산을 첨가하여 가열하면 분해된다.

◈ 미생물 3대 생육조건 : **온도**, **수분**, **영양소**

 암기TIP! 온, 수, 영

❈ 탄수화물 5탄당 암기TIP! 자아리

· 자일로오스(xylose)
· 아라비노오스(arabinose)
· 리보오스(ribose)
(갈락토오스(galactose) X)

❈ 황함유 아미노산은? 암기TIP! 시시메

① 시스테인 ② 시스틴 ③ 메티오닌(트레오닌 X)

❈ 전자레인지의 주된 조리 원리는 초단파

❈ CA저장에 가장 적합한 식품?　　　　과일류

(우유 X, 생선류 X)

· CA 저장(Controlled Atmosphere Storage) :
대기조성 조절 저장
(이산화탄소와 질소의 함량은 높이고 산소함량을
줄여서 산화를 방지한다.)

❈ 과일의 일반적 특성과 달리

지방 함량이 가장 높은 것은 아보카도

❈ 열전도율이 커서 열을 전달하기 쉬운 조리기구 재
질은?　　　　　　　　　　　　알루미늄

❈ 과실의 젤리화 3요소 : 당, 산, 펙틴 (젤라틴 X)

❈ 소고기의 부위별 용도와 조리법 틀린 것은?

① 앞다리 - 불고기, 육회, 장조림
② 우둔 - 산적, 장조림, 육포
③ 목심 - 불고기, 국거리
④ 설도 - 탕, 샤브샤브, 육회

해설
· 설도는 산적, 장조림, 육포에 적합
· 사태는 탕, 샤브샤브, 육회에 적합

❈ 하루 필요열량이 2,500kcal일 경우 이 중의 18%
에 해당하는 열량을 단백질에서 얻으려 한다면, 필
요한 단백질의 양은 얼마인가?

① 112.5g　　　　② 121.5g
③ 125.0g　　　　④ 171.3g

해설
하루 필요열량 2,500kcal 중 18%는
2500 X 18 / 100= 450kcal 이다.
단백질 1g은 4kcal의 열량을 내므로
단백질의 양(g)은 450 / 4 = 112.5(g)

기출 스피드 암기노트 ②

◈ 조리와 가공 중 **천연색소**의 **변색 요인**과 거리가 먼 것은?

① 산소 　　　　② 효소
③ 금속 　　　　④ 질소

◈ **맥아당**은 **포도당 2분자**가 결합된 것

◈ 식품 내 수분 중 **미생물이 이용한 가능 수분**을 유리수를 기준으로 표시한 것

수분활성도(Aw)

수분활성도 높다 → 미생물 이용 가능 수분의 양이 많다 → 쉽게 상한다

◈ **생선구이 지방 함량** 낮은 것보다

높은 것이 풍미가 더 좋다. ○

◈ 튀김으로 조리 시

① 고온 단시간 가열로 영양소 손실이 적다.
② 기름 맛이 더해져 맛이 좋아진다.
③ 바삭바삭해 입안 촉감이 좋다.
(불미성분이 제거된다 X)

◈ **눈 보호**를 위해 **가장 좋은 인공조명** 방식은

간접조명

◈ 사람이 **예방접종**을 통하여 얻는 면역은

인공능동면역

◈ **올바른 계량법!**

① 된장, 흑설탕은 꼭꼭 눌러 담아 수평으로 깎아서 계량한다.
② 저울은 반드시 수평한 곳에서 0으로 맞추고 사용한다.
③ 마가린은 실온일 때 꼭꼭 눌러 담아 평평한 것으로 깎아 계량한다.
(우유는 투명기구로 액체 표면의 윗부분을 눈과 수평으로 하여 계량한다. X)
→ 우유는 투명기구로 액체 표면의 **아랫부분**을 눈과 수평으로 하여 계량한다. ○

◈ **총원가**에 대한 설명으로 맞는 것은?

암기 TIP! 총=판+제

① 판매관리비와 제조원가의 합이다.
② 제조간접비와 직접원가의 합이다.
③ 판매관리비, 제조간접비, 이익의 합이다.
④ 직접재료비, 직접노무비, 직접경비, 판매관리비의 합이다.

◈ 세균성 식중독과 병원성 소화기계 감염병 비교

세균성 식중독	병원성 감염병
식품위생법으로 관리	감염병 예방법으로 관리
비교적 **짧은** 잠복기	비교적 긴 잠복기
많은 균량으로 발병	**균량이 적어도** 발병
2차감염이 없다 (살모넬라 제외)	2차감염 있다
균의 독력이 약하다	균의 독력이 강하다
면역성 없다	면역성 있다 (예방접종으로 예방가능)

❀ 중금속은 인체에 다량이 축적될 때 건강장해가 일어난다.

❀ 이타이이타이병과 관계있는 중금속 물질은

카드뮴(Cd)

❀ 오래된 과일이나 산성 채소의 통조림에서 용출되는 화학성 식중독 물질은 주석

❀ 조리사 또는 영양사 면허가 취소된 날로부터 1년이 경과되어야 면허를 다시 취득할 자격이 생긴다.

❀ 세균 번식이 잘 되는 식품은? 암기 TIP! 온, 수, 영

① 온도가 적당한 식품
② 수분을 함유한 식품
③ 영양분이 많은 식품 (산이 많은 식품 X)

❀ 소분업 판매를 할 수 있는 식품은?

빵가루 (전분 X, 식용유지 X, 식초 X)

❀ 탄수화물의 조리가공 중 변화되는 현상과 가장관계가 깊은 것은? 호화
(호화란 전분에 물을 붓고 열을 가하면 전분입자가 팽창하여 점성이 높은 반투명의 콜로이드 상태가 되는 현상)

❀ 홍차는 효소적 갈변반응에 의해 색을 나타낸다.

❀ 관능(기호와 맛)을 만족시키는 식품첨가물

동클로로필린나트륨 / 질산나트륨 / 아스파탐 (소르빈산 X → 보존료)

❀ 생선 및 육류의 초기 부패 판정 시 지표는?

휘발성 염기질소 / 암모니아 / 트리메틸아민
(아크롤레인 X → 연소 시 발생하는 유독성 물질)

❀ 식품위생법 등 식품위생 행정업무 담당기관은?

식품의약품안전처

❀ 냉동생선을 해동하는 방법으로 위생적이며 영양 손실이 가장 적은 방법은?

[냉장고 속에서 해동]하는 방법이다.

❀ 식품의 감별법 O/X

① 돼지고기 색이 검붉은 것은 늙은 돼지의 고기일 수 있다. O
② 쌀알은 투명하고 앞니로 씹었을 때 강도가 센 것이 좋다. O
③ 생선은 안구가 돌출되고, 비늘이 단단하게 붙어 있는 것이 좋다. O
④ 닭고기의 뼈(관절) 부위가 변색된 것은 변질된 것으로 맛이 없다. X
(닭 뼈의 색상이 검은 것은 냉동과 해동의 과정에서 혈액 속 미오글라빈 색소가 갈변하거나 조리 후 흑변현상(Bone Darkening)으로 인해 뼈 주변과 근육 조직이 검붉게 변하는 현상일 뿐 변질된 것이 아니다.)

❀ 색소를 보존하기 위한 방법

① 매실지를 담글 때 소엽[차조기 잎]을 넣는다.
② 연근을 조릴 때 식초를 넣는다.
③ 햄 제조 시 질산 칼륨을 넣는다.
(녹색 채소를 데칠 때 식초를 넣는다. X
→ 소금을 넣는다 O)

❀ 생선을 씻을 때 주의사항

① 냉수를 사용한다.
② 표면 점액을 잘 씻어낸다.
③ 칼집을 낸 후에는 씻지 않는다.
(물에 소금을 타서 10% 농도의 소금물로 씻는다.
X → 바닷물 농도인 3.5% O)

◈ 단맛 성분에 짠맛 성분 혼합 시 단맛이 증가하는 현상은?

맛의 대비현상 암기 TIP! 단짠대비

◈ 브로멜린이 함유되어 있어 고기연화 시 이용되는 과일은? 파인애플

◈ 신선하지 못한 달걀의 특징

① 달걀을 흔들었을 때 소리가 난다.

② 삶았을 때 난황의 표면이 암녹색으로 쉽게 변한다.

③ 껍질이 매끈하고 윤기가 있다.

(깨어보면 많은 양의 난백이 난황을 에워싸고 있다. X → 신선한 달걀의 특징)

◈ 대두를 구성하는 콩단백질의 주성분은?

글리시닌 암기 TIP! 대두시니라~

(글리아딘 X, 글루텔린 X)

◈ 간장, 다시마 등의 감칠맛을 내는 주된 아미노산은?

글루탐산(Glutamic acid)

◈ 우유를 데울 때 가장 좋은 방법은?

이중냄비에 넣고 저으면서 데운다.

◈ 1g당 발생하는 열량이 가장 큰 것은?

지방 9.45kcal

알코올 7.1kcal / 단백질 5.65kcal / 당질[탄수화물] 4.1kcal

◈ 소음의 측정단위는 dB 데시벨

◈ 인수공통감염병으로 그 병원체가 세균인 것은?

결핵

◈ 일본뇌염, 공수병[광견병]은 바이러스로 발병

◈ 음식물이나 식수에 오염되어 경구로 침입되는 감염병은?

파라티푸스 / 세균성 이질 / 폴리오

◈ 유행성이하선염(볼거리)는 RNA 바이러스가 침이나 공기로 전파된다.

◈ 버터의 대용품으로 사용되는 식물성 유지는?

마가린

◈ 편육을 할 때 끓는 물에 고기를 덩어리째 넣고 삶는다.

◈ 젤라틴과 한천

① 한천은 식물성 급원이나 젤라틴은 동물성 급원이다.

② 한천은 보통 28~35℃에서 응고되며 온도가 낮을수록 빨리 굳는다.

③ 젤라틴은 젤리, 양과자 등에서 응고제로 쓰인다.

(**젤라틴에 생파인애플**을 넣으면 단단하게 응고한다. X → 산 성분이 응고를 방해)

◈ 공중보건학의 목표는

지역사회의 보건수준 향상 / 건강 유지 / 질병예방

(질병의 치료 X)

◈ 폴리오는 생균(live vaccine)을 사용한 예방접종으로 면역된다.

⊛ 돼지고기를 날 것으로 먹거나 불완전하게 가열하여 섭취 시

[유구조충]에 감염된다. (무구조충 X)

⊛ **스파게티와 국수** 등에 이용되는 **문어나 오징어 먹물**의 색소는?

멜라닌 색소

⊛ 단체급식의 목적

①피급식자의 건강 회복과 유지, 증진을 도모

②영양교육과 음식의 중요성을 교육함으로써 바람직한 급식 실현

③피급자의 식비 경감

(피급식자에게 물질적 충족을 준다. X)

⊛ 조미의 기본 순서는 **설소간식** 기출답안

설탕 → 소금 → 간장 → 식초

⊛ **상수처리 과정**에서 가장 **마지막** 단계는 **급수**이다.

침사 → 침전 → 여과 → 소독 → 급수

⊛ 하수처리 순서는 예비처리 → 본처리 → 오니처리

⊛ 규폐증에 대한 설명

①대표적인 **진폐증**으로 **마른 기침과 호흡곤란**이 주증상

②먼지 입자의 크기가 **0.5~5.0㎛일 때** 잘 발생한다.

③**암석가공, 도자기, 유리제조업**의 근로자에게 많이 발생한다.

(일반적으로 위험요인에 노출된 근무경력이 1년 이후부터 자각증상이 발생한다. X)

→ 수년, 수십 년에 걸쳐 **자각증상이 늦게 발견되는 특징**이 있다.)

⊛ 대상집단의 조직체가 급식운영을 **직접 하는 형태**는 **직영급식**

⊛ **수라상**의 **찬품 가짓수**는 12첩

⊛ 덩어리 육류를 건열로 **표면에 갈색이 나도록 구워** 내부 **육즙이 빠져나오지 않게 한 후** 소량의 물, 우유와 함께 습열조리하는 것

브레이징(braising)

⊛ 한천 젤리를 만든 후 시간이 지나면 표면으로 수분이 빠져나오는 현상을 **이장현상(sysnersis)**

⊛ **인분을 사용한 밭**에서 특히 **경피적 감염**을 주의해야 하는 기생충은 **십이지장충!** 암기 TIP! 똥십

⊛ **무구조충(민촌충)** 감염의 올바른 예방대책

소고기의 가열 섭취

⊛ **쥐에 의하여 옮겨지는 감염병은** 페스트

⊛ 중금속과 중독 증상의 연결이 잘못된 것은?

①카드뮴 - 신장기능 장애

②크롬 - 비중격천공

③수은 - 홍독성 흥분

④납 - 섬유화 현상

해설

납에 의한 중독 증상은 사지마비, 조혈기능 장애

⊛ **국소진동**으로 인한 질병, 직업병의 예방대책

보건교육 / 작업시간 단축 / 완충장치

(방열복 착용 X)

⊛ 쓰레기 처리 시

미생물까지 사멸시키지만 대기오염 유발 - 소각법

⊛ 평생 매일 섭취해도 아무런 장애가 일어나지 않는 최대량을 1일 섭취 허용량(ADI)라 한다.

⊛ 바지락에 들어 있는 독성분 - 베네루핀

· 솔라닌 - 감자싹

· 무스카린 - 광대버섯

· 아마니타톡신 - 독버섯

⊛ 식중독 잠복기가 가장 짧은 것은?

· 황색포도상구균 식중독 [잠복기 1~6시간]

· 장염 비브리오 식중독 [10시간]

· 장구균 식중독 평균 [10시간]

· 살모넬라균 식중독 [12~36시간]

⊛ 김치에 존재하는 산에 의해 섬유소가 단단해지기 때문에 신김치는 오래 끓여도 쉽게 연해지지 않는다.

⊛ 다음 중 적외선에 속하는 파장은?

① 200nm ② 450nm

③ 500nm ④ 800nm

자외선 ↔ 가시광선 380nm~780nm ↔ 적외선

⊛ 매개 곤충과 질병

· 이 - 발진티푸스

· 쥐벼룩 - 페스트

· 모기 - 사상충증

· 쥐, 설치류 - 렙토스피라증

⊛ 냉동식품의 특성

① 미생물 발육을 저지하여 장기간 보존이 가능하다.

② 저장 중 영양가 손실이 적다.

③ 산화를 억제하여 품질 저하를 막는다.

(완만 동결하여 조직이 좋다. X

→ 급속동결, 완만해동 한다. O)

⊛ 생선에 레몬즙을 뿌리면

① 생선 비린내를 감소시키고

② 산성이 되어 미생물 증식을 억제한다.

③ 단백질이 응고된다.

(신맛이 가해져서 생선이 부드러워진다. X)

⊛ 식혜를 만들 때 엿기름을 당화시키는데 가장 적합한 온도는 50~60℃이다.

⊛ 아일랜드형 조리대 배치는

환풍기와 후드의 수를 최소화 할 수 있다.

⊛ 일반음식점의 모범업소 지정기준

① 종업원의 청결한 위생복 착용

② 화장실에 1회용 위생종이 또는 에어타월 비치

③ 주방에는 입식조리대 설치

(1회용 물컵 사용 X)

⊛ 난황에 들어 있으며 마요네즈 제조 시 유화제 역할을 하는 성분은 레시틴

⊛ 불포화 지방산에 수소를 첨가하는 것을

[지방의 경화]라 한다.

⦿ **어류의 염장법 중 건염법(마른간법)**

① 식염의 침투가 빠르다.

② 품질이 균일하지 못하다.

③ 지방질의 산화로 변색이 쉽게 일어난다.

(선도가 낮은 어류로 염장할 경우 생산량이 증가한다. X)

⦿ 닭고기 20kg으로 닭강정 100인분을 판매한 매출액이 1,000,000원이다. 닭고기의 kg당 단가를 12,000원에 구입하였고, 총 양념 비용으로 80,000원이 들었다면 **식재료의 원가비율**은?

① 20%　　　　② 28%

③ 32%　　　　④ 45%

〔해설〕

원가비율은 매출액에 대한 원가의 비율이다.

매출액은 100만원이고, 원가는 닭고기 원가와 총 양념원가의 합이므로

닭고기 원가 : kg당 12,000 X 20kg = 240,000원-(1)

총 양념원가 : 80,000원-(2)

(1) + (2) = 240,000 + 80,000 = 320,000

원가는 32만원

따라서 원가비율 = 원가 / 매출액

32만원 / 100만원 = **32%**

⦿ **열에 의해 가장 쉽게 파괴되는 비타민은 비타민 C**

⦿ **자외선** : 짧은 파장, 피부 홍반 및 색소 침착, 비타민 D 생성

⦿ **가시광선** : 색채 부여, 명암 구분

⦿ **적외선** : 긴 파장, 따뜻함(온열효과), 일사병과 백내장 유발

⦿ **가열**에 의해 **고유의 냄새 성분**이 생성되는 것은

장어구이 / 스테이크 / 커피 (포도주 X)

⦿ **연제품 제조**에서 **탄력성을 위해** 꼭 첨가해야 하는 것은?　　　　**소금**

⦿ **식품위생법상 출입 / 검사 / 수거**

① 관계 공무원은 영업소의 식품 또는 영업시설의 검사를 실시

② 필요에 따라 영업 장부 또는 서류 열람 가능

③ 출입, 검사, 수거 또는 열람 시 그 권한을 표시하는 증표를 지니고 이를 관계인에 내보여야 한다.

(관계 공무원은 영업상 사용하는 식품 등을 검사를 위하여 필요한 최소량이라 하더라도 무상으로 수거할 수 없다. X

→ 무상으로 수거할 수 있다. O)

⦿ **밀가루 반죽 시 넣는 첨가물**

[소금, 설탕, 유지, 달걀] **유의사항 O/X**

① 유지는 글루텐 구조 형성을 방해하여 반죽을 부드럽게 한다. O

② 소금은 글루텐 단백질을 연화시켜 밀가루 반죽의 점탄성을 떨어뜨린다. X

③ 소금은 밀가루 반죽의 점성을 증가시킨다. O

④ 설탕은 글루텐 망사구조를 치밀하게 하여 반죽을 질기고 단단하게 한다. X

⑤ 설탕은 글루텐 결합을 방해한다. O

⑥ 달걀을 넣고 가열하며 단백질의 연화작용으로 반죽이 부드러워진다. X

⦿ **생선의 자기소화 원인**은

단백질 분해효소의 작용

기출 스피드 암기노트 ◆3◆

◈ 어떤 단백질의 질소함량이 18%라면 이 단백질의 <u>질소계수</u>는 약 얼마인가?

① 5.56   ② 6.20

③ 6.65   ④ 6.89

해설

놓칠 수 없는 아주 쉬운 계산문제
공식 하나만 외운다! **암기 TIP!** 질소계수는 백퍼량
질소계수 = 100 / 질소함량(%)
= 100 / 18 = 5.56

◈ **복어** 중독을 일으키는 **독성분**은

테트로도톡신(tetrodotoxin)

◈ **과일 통조림**으로부터 용출되어 구토, 설사, 복통의 **중독 증상**을 유발할 가능성이 있는 물질은

주석 (크롬 X, 구리 X)

◈ **화학성 식중독의 원인**

① **중금속**에 의한 중독

② **유해성 식품첨가물**에 의한 중독

③ **환경오염**에 기인하는 식품 유독성분 중독

(설사성 패류 중독 X)

◈ 식중독의 분류

· 미생물 식중독 [세균, 바이러스]

· 자연 식중독 [동식물, 곰팡이]

· 화학적 식중독

◈ 식중독 중 **해산물**을 통해 많이 발생하는

<u>장염 비브리오균 식중독</u>

◈ 색소를 함유하고 있지는 않지만, 식품 중 성분과 **결합, 색을 안정화, 선명하게** 하는 **식품첨가물**은?

발색제

◈ **마늘**에 함유된 **황화합물**로 특유의 냄새

알리신(allicin)

◈ 쇠고기 부위 중 **탕, 스튜, 찜**에 가장 적합한 부위는?

<u>사태</u>

◈ **식품 부패와 변질**은 <u>수분 온도 효소</u>와 관련! **압력**은 관련 없다.

◈ **세균성이질 / 장티푸스 / 화농성질환**은 식품위생법상 **영업에 종사하지 못하는 질병**

(비감염성 질병인 결핵 X)

◈ <u>치즈, 버터, 액상 발효유</u>는

우유 가공품 (마시멜로우 X)

◈ <u>효소</u>의 주된 구성 성분은 **단백질**이다.

◈ 조리법 중 **비타민 C 파괴율이 가장 적은** 것은?

<u>무생채</u>

(고사리무침 / 오이지 / 시금치 국 X)

◈ <u>편육</u>을 **끓는 물에 삶는 이유**는?

국물에 맛 성분이 적게 용출되도록 하기 위해 ○

· 고기 냄새를 없애기 위해 X

· 육질을 단단하게 하기 위해 X

· 지방 용출을 적게 하기 위해 X

❈ 감염병 중 **장티푸스 / 콜레라 / 이질**은
환경위생의 개선으로 감소시킬 수 있다!
(But **인플루엔자 X**)

❈ **말라리아 / 유행성이하선염 / 매독**은
우리나라의 법정 감염병이다. (But 기생충 X)

❈ 우유의 **카제인**을 응고시킬 수 있는 것은?
암기 TIP! 식닌닌
식초 - 레닌 - 탄닌 (설탕 X, 소금 X)

❈ **실내 공기오염의 지표**는 **이산화탄소**

❈ 기생충과 중간숙주의 연결이 틀린 것은?
① 십이지장충 - 모기
② 말라리아 - 사람
③ 폐흡충 - 가재, 게
④ 무구조충 - 소

해설
십이지장충, 회충은 알로 감염되며 **중간숙주가 없다.**
모기는 사상충의 중간숙주이다.

❈ **비말감염**되는 **결핵 / 백일해 / 디프테리아**
(발진열 X)

❈ **수질오염 파악** 위한
BOD(생물화학적 산소요구량) 측정 시
20℃에서 5일간 측정한다.

❈ 김치 저장 중 **김치조직의 연부현상**이 일어나는 이유 (연부현상 : 김치가 익어서 물러지는 현상)
① 조직을 구성하고 있는 **펙틴질이 분해**되기 때문에
② 미생물이 **펙틴분해효소를 생성**하기 때문에
③ 용기에 꼭 눌러 담지 않아 내부에 공기가 존재하여 **호기성 미생물이 성장번식**하기 때문에
(김치가 국물에 잠겨 수분을 흡수하기 때문에 X)

❈ **육류 조리 시 열에 의한 변화**
미트로프(meatloaf)는 가열하면 단백질이 응고, 수축, 변성된다. ○
· 불고기는 열의 흡수로 부피가 증가한다. X
· 스테이크는 가열하면 질겨져서 소화가 잘 되지 않는다. X
· 쇠꼬리의 젤라틴이 콜라겐화 된다. X
(콜라겐의 젤라틴화 O)

❈ **차, 커피, 코코아, 과일** 등에서
수렴성 맛을 주는 성분 **타닌(tannin)**

❈ **피부암, 결막염, 설안염**은
자외선에 의한 인체 건강 장해 (폐기종 X)
암기 TIP! 자외선에 의한 피결설이 떠돈다!

❈ **열경련, 일사병, 열쇠약**은
고열장해로 인한 직업병 (참호족 X)

❈ **유지의 발연점이 낮아지는 원인**
· 튀김기의 표면적이 넓은 경우
· 기름에 이물질이 많이 들어 있는 경우
· 오래 사용하여 기름이 지나치게 산패된 경우
(유리지방산의 함량이 낮은 경우 X)

❀ 발연점(Smoke point)이란?

· 연기가 지속적으로 나는 온도

· 기름이 타기 시작하는 온도

· 조리중인 식품에서 탄 맛이 나기 시작

· 기름의 영양소가 파괴되는 온도

· 인화점과 발화점은 발연점 보다 높음

· 산도가 높을수록 발연점은 낮아진다.

발연점 ℃

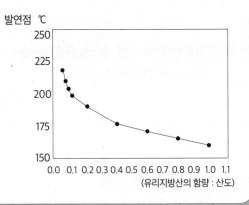

(유리지방산의 함량 : 산도)

❀ 수분 70g, 당질 40g, 섬유질 7g, 단백질 5g, 무기질 4g, 지방 3g이 들어 있는 식품의 열량은?

① 165kcal　　　　　② 178kcal

③ 198kcal　　　　　④ 207kcal

해설

영양성분별 1g당 열량 암기 TIP! 탄단지는 449

· 탄수화물(당질) = 4kcal

· 단백질 = 4kcal

· 지방 = 9kcal

40g x 4kcal + 5g x 4kcal + 3g x 9kcal
= 160 + 20 + 27 = **207kcal**

❀ 1인 1식 급수량이 가장 많이 필요한 시설은?

① 학교급식　　　　　② 보통급식

③ 산업체급식　　　　④ 병원급식

❀ 생선 비린내를 억제하는 방법

① 물로 깨끗이 씻어 수용성 냄새 성분을 제거한다.

② 조리 전에 **우유**에 담가 둔다.

③ 생선 단백질이 응고된 후 **생강**을 넣는다.

(처음부터 뚜껑을 닫고 끓여 생선을 완전히 응고 X → 뚜껑을 열고 끓인다 O)

❀ 조리 시 비타민, 무기질의 변화

① 비타민 A는 지방음식과 함께 섭취할 때 흡수율이 높아진다. ○

② 비타민 D는 자외선과 접하는 부분이 클수록, 오래 끓일수록 파괴율이 높아진다. X　(비타민 D는 매우 안정된 생체원소)

③ 과일을 깎을 때 쇠칼을 사용하는 것이 맛, 영양가, 외관상 좋다. X (갈변 가속)

❀ 조리 시 첨가하는 물질의 역할

① 식염 - 면 반죽의 탄성 증가

② 식초 - 백색 채소의 색 고정

③ 구리 - 녹색 채소의 색 고정

(중조 - 펙틴 물질의 불용성 강화 X

→ 중조는 베이킹 소다(알칼리)를 말하며 펙틴은 수용성 식이섬유이다.)

❀ 과일 향기 주성분은 에스테르(ester)류

(알데히드 X)

※ 불건성유에 속하는 것은?

① 땅콩기름　　　② 들기름

③ 대두유　　　　④ 옥수수기름

해설

땅콩기름은 산소와 화합하지 않아 공기 중에서 굳지 않고 산패되지 않는 요오드값 100 이하의 불건성유이다.

· **건성유** : 아마인유, 들기름 등
· **반건성유** : 콩기름, 참기름, 채종유 등
· **불건성유** : 올리브유, 동백유, 피마자유, 돼지기름, 땅콩유, 코코넛유, 아보카도유, 팜오일

※ **찹쌀**은 **아밀로펙틴**으로 이루어져 있다. ○

· 아밀로오스로 이루어져 있다. X
· 아밀로오스 함량이 더 많다. X
· 아밀로오스 함량과 아밀로펙틴의 함량이 동일하다. X

※ 포테이토칩 등 스낵류 **질소충전 포장** 시 효과

① 유지의 산화 방지
② 스낵의 파손 방지
③ 세균의 발육 억제
(제품의 투명성 유지 X)

※ **달걀 흰자 거품** 낼 때 **식초 약간 첨가하는 이유**는 **난백의 등전점과 관련(pH값이 중성일 때 거품이 가장 잘 일어남)**이 있다.

(용해도 증가 X, 향 형성 X, 표백효과 X)

※ **붉은 양배추** 조리할 때 **식초나 레몬즙을 조금 넣으**면 **안토시아닌계 색소**가 선명하게 유지

※ **신선한 달걀**은…

· 6% 소금물에 넣으면 **가라앉는다.** ○
· 깨트렸을 때 노른자가 볼록하고 흰자의 점도가 높다. ○
· 햇빛(전등)에 비출 때 **공기집의 크기가 작다.** ○
(흔들 때 내용물이 잘 흔들린다. X)

※ **칼슘(Ca)와 인(P)**이 소변 중으로 유출되는 **골연화증** 현상을 유발하는 유해 중금속은

카드뮴

※ **식단 작성 시 식품의 선택 요령**

→ **쇠고기가 비싸서 대체식품으로 닭고기를 선정하였다.** ○

· 영양보다는 경제적인 효율성을 우선으로 고려한다. X
· 시금치의 대체식품으로 값이 싼 달걀을 구매하였다. X
· 한창 제철일 때 보다 한발 앞서서 식품을 구입하여 식단을 구성하는 것이 보다 새롭고 경제적이다. X

※ **냄새 성분 중 어류와 관계있는**
피페리딘 / 트리메틸아민 / 암모니아

(디아세틸 X → 버터향)

※ 전분의 노화를 억제하는 방법
수분함량 / 조절 냉동 / 설탕의 첨가
(산의 첨가 X)

❋ 식품에 존재하는 물의 형태 중 자유수는…

① 100℃에서 증발하여 수증기가 된다.

② 식품을 건조시킬 때 쉽게 제거된다.

③ 식품에서 미생물의 번식에 이용된다.

(-20℃에서도 얼지 않는다. X)

❋ 식품위생법에 명시된 목적

① 식품영양의 질적 향상 도모

② 식품에 관한 올바른 정보 제공

③ 위생상의 위해 방지

(건전한 유통·판매 도모 X)

❋ 육류의 사후경직

· 경직 속도는 도살전의 동물의 상태에 따라 다르다. ○

· 근육의 글리코겐이 젖산으로 된다. ○

(죽으면 호흡하지 않으므로 혐기적으로 변함)

· 해당과정으로 생성된 산에 의해 pH가 낮아진다. ○

(근육에서 호기성 해당과정에 의해 산이 증가된다. X → 혐기성 ○)

❋ 업종별 시설기준

· **휴게음식점**에는 다른 객석에서 **내부가 보이도록 하여야** 한다. ○

· **일반음식점**의 객실 안에는 무대장치, 우주볼 등의 **특수조명시설**와 손님이 이용할 수 있는 **자동반주장치**를 설치하여서는 **안 된다.** ○

· **일반음식점**의 객실에는 잠금장치를 설치할 수 있다. X

❋ HACCP의 7가지 원칙

· 위해요소분석

· 중요관리점(CCP) 결정

· 개선조치방법 수립

(회수명령의 기준 설정 X)

▶ 1원칙 **위**해요소분석

▶ 2원칙 **중**요관리점(CCP) 결정

▶ 3원칙 CCP **한**계기준 설정

▶ 4원칙 CCP **모**니터링 체계확립

▶ 5원칙 **개**선조치방법 수립

▶ 6원칙 **검**증절차 및 방법 수립

▶ 7원칙 **문**서화 및 기록유지방법

암기 TIP! 위중한 모개검문

❋ 식품을 조리 또는 가공 시 생성되는 **유해물질과생성 원인**

① **엔-니트로소아민**(N-nitrosoamine)

육가공품의 발색제 사용으로 인한 **아질산과 아민과의 반응** 생성물

② **다환방향족탄화수소**(Polycyclicaromatic hydrocarbon)

유기물질을 고온으로 가열할 때 생성되는 **단백질이나 지방의 분해** 생성물

③ **아크릴아미드**(Acrylamide)

전분식품 가열 시 아미노산과 당의 열에 의한 **결합반응** 생성물

④ **헤테로고리아민**(Heterocyclic amine)

생선 굽거나 튀길 때 발생하는 발암물질

· 주류 제조 시 에탄올과 카바밀기의 반응에 의해 생성되는 위해물질은 **에틸카바메이트**

❀ 안식향산(benzoic acid)의 사용 목적은

식품의 부패 방지

(유지의 산화를 방지 X, 식품의 향을 내기 위하여 X)

❀ **포**도상구균, 장염비브리오균, 보툴리늄독소, 살모넬**라균**은 세균성 식중독! (아플라톡신 X)

암기 TIP! **포장보살**은 **세균으로 인한 식중독** 걸렸다!

❀ **중온균** 증식의 최적온도는 **25~37℃**

(그냥 여름 날씨!)

❀ 판매의 목적으로 식품 등을 제조·가공·소분·수입 또는 판매한 영업자는 해당 식품이 식품 등의 **위해와 관련이 있는 규정으로 위반하여** 유통 중인 식품 **회수계획을 보고해야 하는 대상**은?

시·도지사 / 시장·군수·구청장 /
식품의약품안전처장

(보건소장 X)

❀ 우유 100ml에 칼슘이 180mg 정도 들어있다면 우유 250ml에는 칼슘이 약 몇 mg 정도 들어 있는가?

① 450mg   ② 540mg

③ 595mg   ④ 650mg

해설

우유 100ml에 180mg이 들어있으므로 1ml에는 1.8mg의 칼슘이 들어있다.
따라서 우유 250ml에는 1.8mg X 250 = 450mg의 칼슘이 들어있다.

기출 스피드 암기노트

◈ 식품의 제조공정 중에 발생하는 거품을 제거하기 위해 사용되는 식품첨가물은 **소포제**

◈ 미생물의 발육을 억제하여 식품의 부패나 변질을 방지할 목적으로 사용되는 것은 **안식향산나트륨**

◈ 경구 감염병과 비교하여 세균성 식중독의 특성은 잠복기가 짧다!
- 소량의 균으로도 발병한다. X
- 2차 발병률이 매우 높다. X
- 수인성(물을 통해) 발생이 크다. - 공통

◈ **화학물질에 의한 식중독**으로 일반 중독 증상과 **시신경의 염증**으로 실명의 원인이 되는 물질은

메틸알코올

◈ **탄수화물 총정리**

탄수화물의 구성원소 : **탄소C 수소H 산소O**

암기 TIP! 탄수산물 or 탄산수

◈ 가장 작은 단위 : **단당류(5탄당과 6탄당)**

리보오스RNA   디옥시리보스DNA

프락토오스(과당)
가장 달다

글루코스
(포도당)

갈락토오스

◈ 세균성 식중독 암기 TIP! 장비병 식중독

장구균 비**브**리오 **병**원성대장균 식중독

(노로바이러스 식중독 X)

◈ **효소에 의한 갈변을 억제**하는 방법으로 옳은 것은?

환원성 물질 첨가

◈ **이당류 (2개의 단당류가 클리코사이딕 결합)**
- 말토오스(맥아당) 포도당 + 포도당
- 수크로스(설탕) 포도당 + 과당
- 락토오스(유당) 포도당 + 갈락토오스
▶ 올리고당은 3당류, 4당류

◈ **다당류 (10개~수천개의 단당류의 중합체, 복합당질)**
① 전분 [아밀로오스와 아밀로펙틴으로 구성]
② 글리코겐 [간과 근육에 저장]
③ 식이섬유 [수용성 식이섬유인 펙틴과 불용성식이섬유인 셀룰로오스]

◈ **강화식품에 대한 설명으로 틀린 것은?**
① 식품에 원래 적게 들어 있는 영양소를 보충한다.
② 식품의 가공 중 손실도기 쉬운 영양소를 보충한다.
③ 강화영양소로 비타민 A, 비타민 B, 칼슘(Ca) 등을 이용한다.
④ α-화 쌀은 대표적인 강화식품이다.

해설
알파화란 쌀의 전분을 열을 가해 익히는 것, 즉 전분의 호화를 뜻한다.

⊛ **해조류는 알칼리성** 식품에 해당

(육류, 어류, 곡류는 모두 산성)

⊛ **두부**를 만드는 과정은

콩단백질의 무기염류에 의한 변성을 이용

→ 두부단백질(글리시닌)을 소금물(무기염류)로 응고

⊛ **꽃 부분**을 주요 **식용 부위**로 하는

콜리플라워(cauliflower)

⊛ **현미**는 벼의 **왕겨층** 부위를 벗겨낸 것

⊛ **시설위생**을 위한 사항으로 적합하지 <u>않은</u> 것은?

① 주방냄비를 세척 후 열처리를 해둔다.

② 주방의 천정, 바닥, 벽면도 주기적으로 청소한다.

③ 나무 도마는 사용 후 깨끗이 하고 일광소독을 하도록 한다.

④ Deep fryer(튀김기)의 경우 기름은 매주 뽑아내어 걸러 찌꺼기가 남아있는 일이 없도록 한다.

해설

튀김기 기름은 매일 교체한다.

⊛ **사과를 깎아 방치**했을 때 나타나는 **갈변현상**

산화효소 / 산소 / 페놀류와 관련 (섬유소 X)

⊛ 사과의 갈변 → 상처가 공기에 노출되어 **산화효소**에 의해 페놀화합물이 산화되어 멜라닌으로 전환되는 현상

⊛ **다당류**에는?

클리코겐(glycogen), 펙틴(pectin),

글루코만난(glucomannan)(곤약, 식이섬유의 일종)

(젤라틴(gelatin) X → 젤라틴은 콜라겐에서 유래한 것으로 단백질 86%, 수분 12% 등으로 구성되어 있다.)

⊛ **빈출** **생선의 자가소화 원인**은 **단백질 분해효소**

⊛ **식품과 대표적인 맛성분(유기산)을 연결**하면

· 포도 - 주석산 ○

· 감귤 - 구연산 ○

· 사과 - 사과산 ○

· 요구르트 - 호박산 X

[→ 호박산은 간장과 조개류의 감칠맛]

⊛ **육류의 연화작용**에는

파파야, 파인애플, 무화과 [레닌 X]

⊛ 식품 재고관리 방법 **최근에 구입한 식품부터 사용**

가장 오래된 물품이 재고로 남게 되는 것은?

후입선출법

[↔ 선입선출법 : 먼저 구입한 식재료부터 먼저 사용]

⊛ 소금 중 **불순물이 가장 많고 배추를 절이거나 젓갈을 담글 때** 주로 사용하는 **호렴**

(재제염 X, 식탁염 X, 정제염 X)

⊛ 판매가격이 5,000원인 메뉴의 **식재료비**가 2,000원인 경우 이 메뉴의 **식재료비 비율**은?

① 10%   ② 20%

③ 30%   ④ 40%

해설

식재료비 비율 = 식재료비 / 총매출액[판매가격]

식재료비 2,000원, 판매가격 5,000원

2,000 / 5,000 = 0.4

정답 : 40%

❀ 젤라틴

· 3~10℃에서 젤화되며 온도가 낮을수록 빨리 응고한다. ○
· 과일젤리나 양갱의 제조에 이용한다. X
  (→ 한천의 특징)
· 해조류로부터 얻은 다당류의 한 성분이다. X
  (→ 한천의 특징)
· 산을 아무리 첨가해도 젤 강도가 저하되지 않는 특징이 있다. X
  (→ 젤라틴에 산 첨가 시 강도가 저하된다.)

❀ 물품의 **검수와 저장**하는 곳에서 꼭 필요한 집기류는 저울과 온도계(계량컵과 계량스푼 X)

❀ 김에 대한 설명 중 옳은 것은?

① 김은 칼슘 및 철분, 칼륨이 풍부한 알칼리성 식품이다. ○
② 붉은색으로 변한 김은 불에 잘 구우면 녹색으로 변한다. X
③ 건조 김은 조미김보다 지질 함량이 높다. X
④ 김의 감칠맛은 단맛과 지미를 가진 cystine, mannit 때문이다. X

해설

붉은색 김은 산화된 것으로 변질의 우려가 있으며, 조미김은 기름을 바르므로 건조 김보다 지질 함량이 높다. 김의 감칠맛은 글리신(glycine)과 알라닌(alanine)에 의한 것이다. cystine, mannit는 단맛과 지미가 아니라 고소한 맛을 낸다.

❀ 조리방법 O/X

① 채소를 잘게 썰어 끓이면 빨리 익으므로 수용성 영양소의 손실이 적어진다. X
  (→ 잘게 썰어 끓이면 **수용성 영양소 손실이 많아진다.**)
② 전자레인지는 자외선에 의해 음식이 조리된다. X
  (→ 전자레인지는 **초단파-마이크로웨이브**를 이용한다.)
③ 콩나물국의 색을 맑게 만들기 위해 **소금으로 간**을 한다. ○
④ 푸른색을 최대한 유지하기 위해 소량의 물에 채소를 넣고 데친다. X
  (→ **물은 푹 잠길 정도로 충분히** 해야 채소에서 용출되는 비휘발성 유기산 농도를 희석시켜 푸른색을 유지할 수 있다.)

❀ **단백질 함량이 14%** 정도인 밀가루로 만드는 것이 가장 좋은 식품은?

마카로니

· 강력분 - 12% 이상
(글루텐多 : 탄력 쫄깃, 식빵, 피자도우, 마카로니)
· 중력분 - 9~12%
(다목적 칼국수, 수제비, 만두피)
· 박력분 - 9% 이하
(글루텐少 : 케익, 쿠키, 스콘 제과류)

기출 스피드 암기노트 5

🏵 노화가 잘 일어나는 전분은 어느 성분의 함량이 높은가?

① 아밀로오스(amylose)

② 아밀로펙틴(amylopectin)

전분의 노화란 호화된 전분을 방치해두면 점점 굳어져 결정성을 띤 상태로 되돌아가는 것으로 아밀로오스 함량이 높을수록 노화가 더 잘 일어난다.

🏵 습열 조리법은? 설렁탕, 갈비찜, 버섯전골(불고기 X)

🏵 육류를 가열할 때 일어나는 변화

· 풍미의 생성

· 비타민의 손실

· 단백질의 응고(중량 증가 X)

🏵 고등어구이 정미중량 70g을 조리하고자 할 때 1인당 발주량은 약 얼마인가?

(단, 고등어 폐기율은 35%)

① 43g   ② 91g

③ 108g   ④ 110g

해설

발주량(100%) = 정미량(65%) + 폐기량(35%)
발주량은 정미량과 폐기량의 합이므로
1인당 발주량은 정미중량을 정미율(%)(100% - 폐기율%)로 나누어 구한다.
1인당 발주량(g) = 정미중량(g) / (100% - 35%)
70 / 65% = 107.6g 약 **108g**

🏵 냄새 제거를 위한 향신료

① 월계수잎(bay leaf)

② 마늘(garlic)

③ 세이지(sage) = 셀비어

· 육두구(nutmeg, 넛맥) X (→ 냄새제거용 아님)

🏵 유지류의 조리 이용 특성

① 열 전달매체로서의 튀김

② 밀가루 제품의 연화작용

③ 지방의 유화작용(결합제로서의 응고성 X)

🏵 단체급식시설의 작업장별 관리 O/X

① 개수대는 생선용 채소용 구분하여 식중독균의 교차오염을 방지한다.

② 가열, 조리하는 곳에는 환기장치가 필요하다.

③ 식품보관 창고에 식품 보관 시 바닥과 벽에 식품이 닿지 않게 한다. (오염 방지)

(자외선 등은 모든 기구와 식품 내부의 완전 살균에 매우 효과적이다. X)

🏵 생선 조리방법 OX

· 생강과 술은 비린내를 없애는 용도로 사용한다. O

· 처음 가열 시 수 분간은 뚜껑을 약간 열어 비린내를 휘발시킨다. O

· 모양 유지, 맛 성분 유출 방지 위해 양념간장 끓을 때 생선을 투하한다. O

(선도 약간 저하된 생선은 조미를 약하게, 뚜껑 덮고 짧은 시간 끓인다. X)

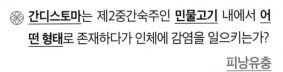

⊛ **간디스토마**는 제2중간숙주인 **민물고기** 내에서 **어떤 형태**로 존재하다가 인체에 감염을 일으키는가?

피낭유충

⊛ 환자나 보균자의 **분뇨**에 의해 감염될 수 있는 **경구 감염병**은?

장티푸스

⊛ 과량조사 시에 **열사병**의 원인이 될 수 있는 것은?

적외선

⊛ 용존산소가 적다는 것은 유기물 잔류하여 오염도가 높다.

(물이 비교적 깨끗하다 X, 어패류의 생존에 좋은 환경이다 X)

⊛ 채소류를 매개로 감염될 수 있는 기생충은?

· **채소** 매개 기생충 : 회충 / 구충 / 편충
but 유구조충(덜 익힌 돼지고기, 2~3m까지 성장)

⊛ **실내공기 오염 지표**로 사용하는 기체와 서한량(한계허용량)은?

CO_2 - 0.1%

⊛ **식물성 자연독** 성분

· 무스카린(muscarine) - 광대버섯
· 솔라닌(solanine) - 햇빛 노출 감자싹
· 고시폴(gossypol) - 목화씨 기름
테트로도톡신(tetrodotoxin) X
(→ 복어독 : 동물성)

⊛ **독미나리**에 함유된 유독성분은?

시큐톡신(cicutoxin)

⊛ **장염비브리오 식중독균의 특징**

① 해수에 존재하는 세균이다.
② 3~4%의 식염농도에서 잘 발육한다.
③ 특정조건에서 사람의 혈구를 용혈시킨다.
(그람양성균이며 아포를 생성하는 구균이다. X)

⊛ **세포염색법**

· **그람양성균 - 푸른색으로 변함 (아포 있음)**
포도상구균, 폐렴, 디프테리아, 나병, 파상풍균, 탄저균
· **그람음성균 - 붉은색으로 변함 (아포 없음)**
살모넬라, 이질, 티푸스, 장염비브리오균, 대장균, 콜레라, 페스트

⊛ 식품이 나타내는 수증기압이 0.75기압이고, 그 온도에서 순수한 물의 수증기압이 1.5기압일 때 **식품의 상대습도(RH)**는?

① 40%　　　　　② 50%
③ 60%　　　　　④ 80%

해설
식품의 상대습도[%] = 식품이 나타내는 수증기압 / 순수한 물의 수증기압
= 0.75 / 1.5 (%) = ½ = **50%**

⊛ **인수공통감염병**은?

탄저 / 광견병 / 고병원성조류인플루엔자 [홍역 X]

⊛ **소음의 측정단위**인 **dB(decibel)**은

음압의 단위다. (음속 X, 음역 X)

⊛ **자외선의 작용**

비타민 D 형성 / 살균 작용 / 피부암 유발

(안구진탕증 유발 X)

❀ 식품의 열량표시는 **몇 Kcal 미만을 0으로** 표시할 수 있는가?

                                        5Kcal

❀ **"집단급식소"**라 함은 영리를 목적 X

❀ 유화(emulsion)에 의해 형성된 식품

    [유화 : 분리되지 않고 잘 섞인 것]

    우유 / 마요네즈 / 잣죽 (주스 X)

❀ **달걀의 보존 중 품질변화**

    ① 수분의 증발

    ② 농후난백의 수양화

    ③ 난황막의 약화

    (산도(pH)의 감소 X)

❀ 유지 중에 존재하는 **유리 수산기(-OH)의 함량**을 나타내는 것은?

    ① 아세틸가(Acetyl value)

    ② 폴렌스케가(Polenske value)

    ③ 헤너가(Hehner value)

    ④ 라이켈-마이슬가(Reichert-Meissl value)

    해설

아세틸화한 유지(油脂) 또는 왁스 1그램을 비누화하여 유리되는 아세트산을 중화하는데 필요한 수산화 칼륨의 mg 수. 하이드록시기의 양과 관계 있는 값으로, 유지의 신선도를 측정하는 수치이다.

❀ **중성지방**의 구성 성분은? 지방산과 글리세롤

❀ 지질에는

    · **단순지질(중성지방)** : 지방산과 글리세롤(지방, 왁스)

    · **복합지질** : 지방산과 알코올에 다른 화학물이 결합된 지질

    · **유도지질** : 단순지질, 복합지질의 가수분해로 얻어지는 지용성 물질

❀ **양질의 칼슘**이 많이 들어 있는 대표적인 식품은

                       우유, 건멸치, 뱅어포, 치즈

❀ **지방의 경화**는

    불포화 지방산에 수소를 첨가하는 것이다.

❀ **마가린, 쇼트닝(경화유) 제조원리**

    불포화 지방산에 수소(H_2)를 첨가 후 니켈(Ni)과 백금(Pt)을 촉매제로 액체유를 고체유로 만든 것

❀ 식품의 수분활성도란?

    식품의 수중기압 / 순수 물의 수중기압

    임의의 온도에서 **순수한 물의 수증기압에 대한** 같은 온도에 있어서의 **식품이 나타내는 수증기압의 비율**

    ▶ **식품의 수분활성도는 물의 수분활성도인 1을 넘을 수 없다. ○**

❀ **중금속**에 관한 설명으로 옳은 것은?

    · **해독에 사용되는 약을 중금속 길항약이라고 한다.**

    · 중금속과 결합하기 쉽고 체외로 배설하는 약은 없다. X

    · 중독 증상으로 대부분 두통, 설사, 고열을 동반한다. X

    · 무기중금속은 지질과 결합하여 불용성 화합물을 만들고 산화작용을 나타낸다. X

❀ **자유수(= 유리수 ↔ 결합수)의 성질**

    · 수용성 물질의 용매로 사용된다.

    · 미생물 번식과 성장에 이용된다.

    · 비중은 4℃에서 최고이다.

    · 건조로 쉽게 제거 가능하다.

    (미생물 번식과 성장에 이용되지 못한다. X)

◈ 식품위생법상 **영업의 신고 대상** 업종은?

휴게음식점영업 / 일반음식점영업 / 식품제조가공업

but 단란주점영업 (허가 대상)

◈ 식품위생법상 **조리사를 두어야 할 영업**은?

· 병원이 운영하는 집단급식소

· 지방자치단체가 운영하는 집단급식소

· 복어조리 판매업소

(식품첨가물 제조업소 X)

◈ 빈출 **어패류의 신선도 판정** 시 **초기부패의 기준**이 되는 물질은?

트리메틸아민

◈ **식품첨가물과 사용목적**

① 글리세린 - 용제(녹이는 물질)

② 초산비닐수지 - 껌기초제

③ 탄산암모늄 - 팽창제

But 규소수지 - 이형제 X

(→ 규소수지는 거품제거 소포제이다.)

◈ 생육이 가능한 **최저수분활성도**가 가장 **높은 것**은?

세균

세효곰의 **최저수분활성도**는

세균 0.94 > 효모 0.88 > 곰팡이 0.80 > 내건성 곰팡이 0.65

◈ **발아한 감자와 청색 감자**에 많이 함유된 독성분은?

솔라닌

◈ 식품위생법상 **영업신고**를 하여야 하는 업종은?

① 유흥주점영업

② 즉석판매제조가공업

③ 식품조사처리업

④ 단란주점영업

해설

· 영업신고 대상 - **즉석판매제조가공업**, 휴게음식점영업, 일반음식점영업, 식품제조가공업

· 영업허가 대상 - 단란주점영업, 유흥주점영업, 식품조사(방사선)처리업

◈ 식품 등의 표시기준상 영양성분에 대한 설명으로 **틀린 것**은?

① 한 번에 먹도록 포장 판매되는 제품은 총 내용량을 1회 제공량으로 한다.

② 열량의 단위는 킬로칼로리(kcal)로 표시한다.

③ 탄수화물에는 당류를 구분하여 표시하여야 한다.

④ 영양성분 함량은 씨앗, 동물 뼈 같은 비가식 부위도 포함하여 산출한다.

해설

영양성분 함량은 씨앗, 동물 뼈 같은 비가식 부위는 제외하고 산출한다.

◈ 식품위생법상에 명시된 **식품위생감시원**의 직무가 아닌 것은?

① 과대광고 금지의 위반 여부에 관한 단속

② 조리사 및 영양사의 법령준수사항 이행 여부 확인, 지도

③ 시설기준의 적합 여부의 확인, 검사

④ 생산 및 품질관리일지의 작성 및 비치

✿ **국내에서 허가된 인공감미료는?**

　　사카린나트륨(설탕 단맛의 300배)

　불허가 : 에틸렌글리콜 X (→ 자동차부동액)

　　　　둘신 X (→ 간암 유발)

　　　　사이클라민산나트륨 X (→ 안전성 의심)

✿ **바이러스(virus)에 의하여 발병되는 질병은?**

　① 유행성간염

　② 급성회백수염

　③ 감염성 설사증

　but 돈단독증 X (→ 돈단독균에 의해 돼지 등에 폐혈증을 일으킨다)

✿ **조리식품, 반조리식품의 해동방법**

　　　　　전자레인지 이용

✿ **생선조림, 된장찌개, 밥 조리 시**

　센 불로 가열한 후 약한 불로~

　(새우튀김 X)

✿ **단체급식 시설별 고유 목적**

　① 학교급식 - 편식 교정

　② 병원급식 - 건강회복 및 치료

　③ 산업체급식 - 작업능률 향상

　(군대급식 - 복지 향상 X)

✿ **토마토 크림수프 우유의 응고 현상**은 산에 의한 응고

　　(당, 효소, 염에 의한 응고 X)

✿ **기름을 여러 번 재가열하면**

　· 색이 진해지고, **거품이 생긴다.** ○

　· 산화중합반응으로 **점성이 높아진다.** ○

　· 풍미가 좋아진다. X

　· 항산화 물질이 생겨 산패를 억제 X

✿ **채소 조리 O/X**

　① **시금치**는 **산을 넣으면 녹황색**으로 변한다. ○

　② **당근**은 산을 넣으면 퇴색된다. X

　　(→ 카로티노이드 **산, 알칼리, 열에 안정적**)

　③ **양파**는 알칼리를 넣으면 백색으로 된다. X

　　(→ **산**을 넣으면 **백색**)

　④ **가지**는 **산**에 의해 청색으로 된다. X

　　(→ **산**을 넣으면 **적색**)

✿ **소금의 용도**

　· 채소 절임 시 수분 제거 ○

　· 효소 작용 억제 ○

　· 아이스크림 제조 시 빙점 강하 ○

　(but 생선구이 시 석쇠 금속의 부착 방지 X)

✿ **생선 조리 시 식초를 적당량 넣었을 때 장점**

　· 생선의 가시를 연하게 해준다.

　· 어취를 제거한다.

　· 살균 효과가 있다.

　(살을 연하게 하여 맛을 좋게 한다 X)

기출 스피드 암기노트

❈ 식품의 부패 과정의 **불쾌한 냄새** 물질

 ① 암모니아

 ② 인돌

 ③ 황화수소

 (포르말린 X)

❈ 과일 과채류 **선도 유지를 위해 표면에 막**을 만들어 호흡 조절과 수분 증발 방지의 목적에 사용되는 것은?

 피막제

❈ **글루텐을 형성하는 단백질** 함유량

 ① 밀 12%   ② 쌀 7%

 ③ 보리 10%   ④ 옥수수 3.8%

❈ **비타민 E의 특성**

 ① 물에 용해되지 않는다. ○

 ② 항산화작용이 있어 비타민 A나 유지 등의 산화를 억제해준다. ○

 ③ 알파 토코페롤(α-tocopherol)이 가장 효력이 강하다. ○

 but 비타민 E는 버섯 등에 에르고스테롤 (ergosterol)로 존재한다. X

 에르고스테롤은 몸속에서 비타민 D로 변한다. (표고버섯, 목이버섯)

❈ 식품과 독성분의 연결이 틀린 것은?

 ① 복어 - 테트로도톡신

 ② 미나리 - 시큐톡신

 ③ 청매 - 아미그달린

 ④ 섭조개 - 베네루핀

  해설

 섭조개의 독성분은 삭시톡신이다.

 베네루핀은 모시조개, 바지락, 굴에 들어 있는 독성분이다.

❈ **장염 비브리오**(Vibrio parahaemolyticus)는

 소금을 좋아하는 **호염성의 성질**을 가지고 있는 식중독 세균

 (2~4% 염도 바닷물 좋아함)

❈ **청과물의 저장 O/X**

 ① 청과물은 저장중이거나 유통과정 중에도 탄산가스와 열이 발생한다. ○

 ② 신선한 과일의 보존기간 연장에 저장이 큰 역할을 하지 못한다. X

 ③ 과일이나 채소는 수확하면 더 이상 숙성하지 않는다. X

 ④ 감의 떫은맛은 저장에 의해서 감소되지 않는다. X

❈ **달걀의 가공 적성**

 [열응고성], [기포성], [유화성]

 [but 쇼트닝성 X]

❋ **식품의 갈변현상** 중 성질이 다른 것은?

① 고구마 절단면의 변색

② 홍차의 적색

③ 다진 양송이의 갈색

④ 간장의 갈색

해설

④ 간장, 된장의 갈변은 비효소적 갈변이다.

①, ②, ③은 효소적 갈변(폴리화합물이 산소와 반응)

❋ **매운맛 성분과 식품의 연결**

① 알릴 이소티오시아네이트 - 고추냉이

② 캡사이신(capsaicin) - 고추

③ 진저롤(gingerol) - 생강

④ 차비신(chavicine) - 흑후추

❋ **클로로필(엽록소, chlorophyll)**

① 김치의 녹색이 갈변하는 것은 발효 중 생성되는 젖산 때문이다. ○

② 산성식품과 같이 끓이면 갈색이 된다. ○

③ 알칼리 용액에서는 청록색을 유지한다. ○

④ 포르피린환(porphyrin ring)에 마그네슘(Mg)이 결합되어 있다. ○

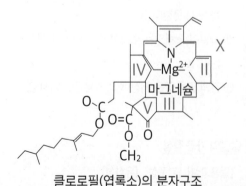

클로로필(엽록소)의 분자구조

❋ **참기름(세사미 sesame)**이 산패(산화)에 대해 안정성이 큰 이유!

강력한 항산화물질 **세사몰**(sesamol) 때문

❋ **우유에 함유된 단백질은?** 암기 TIP! 글로불 알부가

락토글로불린 락토알부민 카제인

(락토오스 X : 유당(탄수화물))

❋ **유지의 산패도**를 나타내는 값으로 짝지어진 것은?

산가, 과산화물가

(요오드가 X, 아세틸가 X, 비누화가 X)

❋ **중간숙주 없이 감염**이 가능한 기생충은? **회충**

아니사키스, 폐흡충, 간흡충은 중간숙주 필요

❋ **열경화성 합성수지제** 용기의 용출시험에서 가장 문제가 되는 유독 물질은?

포름알데히드

❋ **동물성** 식품에서 유래하는 식중독 유발 유독성분은?

① 아마니타톡신(광대버섯)

② 솔라닌(감자싹, 햇빛)

③ 시큐톡신(독미나리)

④ 베네루핀(모시조개, 바지락, 굴)

❋ **결합수의 특징**이 아닌 것은?

① 수증기압이 유리수보다 낮다.

② 압력을 가해도 제거하기 어렵다.

③ 용질에 대해서 용매로서 작용하지 않는다.

④ 0℃에서 매우 잘 언다.

해설

결합수는 0℃ 이하에서도 잘 얼지 않는다.

✾ 유리수(자유수)의 특징

· 수증기압 높다.

· 탈수, 건조, 압력으로 제거가 쉽다.

· 용매로 작용한다.

· 0℃에 잘 얼고, 100℃에 끓는다.

· 미생물 생육에 이용한다.

✾ 접촉감염지수가 높은 대표적 질병은?

홍역

✾ 달걀의 기포성을 이용한 것은? 머랭(meringue)

✾ 단백질의 구성단위는? 아미노산

✾ 생선튀김의 조리법으로 알맞은 것은?

▶ 180℃에서 2~3분간 튀긴다. O

▶ 200℃에서 7~8분간 튀긴다. X

✾ 당근 등 녹황색 채소를 조리할 경우 기름 첨가 이유는?

지용성 비타민의 흡수를 촉진하기 위하여

· 색깔을 좋게 하기 위하여 X

· 부드러운 맛을 위하여 X

· 비타민 C의 파괴를 방지하기 위하여 X

✾ 고기를 요리할 때 사용되는 연화제는?

파파인(papain), 파파야, 파인애플, 무화과

(레닌 X)

✾ 우유를 높은 온도로 가열하면 Maillard(메일라드) 반응이 일어난다. 이때 가장 많이 손실되는 성분은?

lysine(라이신)

(동물성 단백질을 구성하는 주요 아미노산의 하나)

✾ Maillard(메일라드 or 마이야르) 반응

아미노산이 당과 반응하여 갈변(착색)되는 현상

Lysine(라이신)은 다른 화합물과 결합 시 영양상

효과 없어짐

✾ 훈연(Smoke)에 대한 설명

· 햄, 베이컨, 소시지가 훈연 제품이다. O

· 훈연 목적은 육제품의 풍미와 외관 향상이다. O

· 훈연하면 보존성이 좋아진다. O

· 훈연재료는 침엽수인 소나무가 좋다. X

[침엽수는 수액이 있어서 훈연 시 타르가 발생하여 쓴맛을 내므로 훈연에는 주로 딱딱한 경질의 참나무류, 벚나무, 과일나무가 적합하다.]

✾ 비타민 A가 부족 시 대표 증세는? 야맹증

✾ 소음으로 인한 피해

① 불쾌감 및 수면 장애

② 작업능률 저하

③ 위장기능 저하

(맥박과 혈압의 저하 X)

✾ 기생충과 인체 감염원인 식품의 연결

· 유구조충 - 돼지고기

· 동양모양선충 - 채소류

· 아니사키스 - 바다생선

(무구조충 - 민물고기 X

→ 무구조충은 소고기로 감염)

✾ 모성사망률에 관한 설명으로 옳은 것은?

임신, 분만, 산욕과 관계되는 질병 및 합병증에 의한 사망률 O

· 임신 4개월 이후의 사태아 분만율 X

· 임신 중에 일어난 모든 사망률 X

· 임신 28주 이후 사산과 생후 1주 이내 사망률 X

✹ **진개(쓰레기) 처리법**에는

위생적 매립법 / 소각법 / 비료화법

cf) 활성슬러지법은 폐수처리와 관련

✹ **동물과 관련된 감염병의 연결**

① 소 - 결핵

② 개 - 광견병

③ 쥐 - 페스트

④ 고양이 - 살모넬라증, 톡소플라즈마증

⑤ 디프테리아 - 모기

동물 매개 감염병			
디프테리아, 사상충증	모기	공수병 (광견병)	개
살모넬라증	고양이, 돼지, 말, 소, 쥐	뎅기열	모기, 이
세균성 이질	파리	렙토스피라	쥐
수면병	벼룩, 파리	록키산 홍반열	진드기
아메바성 이질	파리	말라리아	모기
페스트 (흑사병)	벼룩, 쥐	발진열	벼룩, 쥐, 진드기
파상열	소, 양	발진티푸스	이
편충증	파리	톡소플라마증	개, 고양이
결핵	소, 파리	파라티푸스	파리
야토병	진드기	ㅉㅉ가무시병	쥐, 진드기
유행성 뇌염	말	콜레라	파리
일본뇌염	돼지, 모기	탄저병	돼지, 말, 소, 양
장티푸스	파리	브루셀라증	양
재귀열	벼룩, 이, 진드기	-	-

✹ **잠함병의 발생과 가장 밀접한 관계를 갖고 있는 환경 요소는?**

① 고압과 질소

② 저압과 산소

③ 고온과 이산화탄소

④ 저온과 일산화탄소

> **해설**
>
> **잠함병은 잠수 후** 수면으로 올라올 때 고압에서 저압으로 낮아지면 혈액에 녹아있는 질소가 없어질 시간이 불충분하여 혈액에 기포가 발생해 모세혈관을 막아 원활한 병을 유발

✹ **황색포도상구균에 의한 독소형 식중독과 관계되는 독소는?**

장독소(간독소 X, 혈독소 X, 암독소 X)

✹ **곰팡이에 의해 생성되는 독소는?**

아플라톡신 / 시트리닌 / 파톨린

엔테로톡신 X (→ 황색포도상구균)

✹ **식품 표시기준에 의해 표시해야 하는 대상성분이 아닌 것은?**

① 나트륨

② 지방

③ 열량

④ 칼슘

✹ **신선한 생육의 환원형 미오글로빈이 공기와 접촉하면 산소와 결합하여 옥시미오글로빈으로 되는데 이때의 색은?**

선명한 적색

(어두운 적자색 X, 선명한 분홍색 X)

⚜ **사용목적별 식품첨가물 연결**

- 표백제 : 메타중아황산칼륨 ○

- 감미료 : 삭카린나트륨 ○

- 착색료 : 철클로로필린나트륨 ○

- 소포제 : 초산비닐수지 X

▶ **초산비닐수지는 껌기초재료, 과일류 피막제**로 쓰인다.

▶ **소포제로는 규소수지**가 쓰인다.

⚜ **사시, 동공확대, 언어장해** 등 특유의 **신경마비증상**을 나타내며 비교적 높은 치사율을 보이는 식중독 원인균은?

클로스트리디움 보툴리늄균

⚜ 식품취급자가 **손을 씻는 방법**으로 적합하지 않은 것은?

① 팔에서 손으로 씻어 내려온다.

② 손을 씻은 후 비눗물을 흐르는 물에 충분히 씻는다.

③ 역성비누 원액을 몇 방울 손에 받아 30초 이상 문지르고 씻는다.

④ 살균효과를 증대시키기 위해 역성비누액에 일반 비누액을 섞어 사용한다.

▶ 역성비누는 양이온 계면활성제(살균)

▶ 일반비누는 음이온 계면활성제로 같이 사용하면 서로의 성질을 지운다.

⚜ **히스타민** 함량이 많아 가장 **알레르기성 식중독**을 일으키기 쉬운 어육은?

가다랑어

⚜ **빵 등 밀가루제품**에서 **부풀게 하여** 형태를 갖추게 하기 위해 사용되는 첨가물은?

팽창제

⚜ **육류의 부패 과정**에서 pH가 약간 저하되었다가 다시 상승하는데 관계하는 것은?

암모니아

⚜ **가식부율이 70%인 식품의 출고계수는?**

① 1.25 ② 1.43

③ 1.64 ④ 2.00

해설

출고계수 = 100 / 가식부율 = 100 / 0.7 = 약 142.85

⚜ 배추김치를 만드는 데 배추 50kg이 필요하다. 배추 1kg의 값은 1,500원이고 가식부율은 90%일 때 배추 구입비용은 약 얼마인가?

① 67,500원 ② 75,000원

③ 82,500원 ④ 83,400원

해설

배추 50kg은 전체 배추를 구입 후 폐기량(10%)을 제하고 난 후의 순수 배추김치에 들어간 배추 수량이므로, 배추 50kg 가격 = 50 X 1500 = 75,000원에서 가식부율 90%(=0.9)로 나누어 주면 전체 배추 구입비용을 구할 수 있다.

따라서 75000 / 0.9 = 83,333원이 전체 배추 구입비용이다.

비례식을 이용한 방법으로는 가식부 90%가 75,000원이므로 100% 전체 배추 구입비용을 X라 하면 0.9 : 75,000 = 1 : X로 나타낼 수 있다.

X = 75,000 / 0.9 = 83,333원이 전체 배추 구입비용이다.

스피드 암기노트

기출 스피드 암기노트 7

⊛ **조리의 목적**은
- 소화흡수율을 높이고 영양가를 최대로!
- 풍미, 향미, 외관 향상
- 유해한 미생물로부터 안전성을 확보

(부족한 영양을 보충 X)

⊛ 채소의 **비타민이나 무기질** 성분의 **손실을 막는 조리법**

볶음

(데치기 X, 끓이기 X, 삶기 X)

⊛ **도박기구를 닮아** 붙여진 이름으로

당근, 무 등을 **직사각형으로 써는** 방법

골패썰기(나박썰기 X)

⊛ 생강이나 마늘을 **다지지 않고 향을 내는** 깔끔한 방법 또는 생밤, 삶은 고기 등을 **모양 그대로 얇게** 써는 방법

편썰기

⊛ **가장 기본적인 칼질!**

피로, 소음, 안전사고 적어 가장 많이 사용

밀어썰기

⊛ **칼이 잘 들지 않을 때 사용**, 배우기 쉽지만 **두꺼운 재료 썰 때는 부적합**   **작두썰기**

⊛ **썰기의 목적**은 먹지 못하는 부분을 제거하여 **모양과 크기를 알맞게 조절**하여 **소화 쉽도록** 하고, **열전달, 조미료가 잘 베게** 하는 것 (영양소 증가 X)

⊛ **끓이기** (조미를 한다, 100℃ 물 사용)

영양분의 손실이 많고 식품 모양이 변형

⊛ **삶기** (조미를 하지 않는다)

조직이 연해지고 **단백질 응고로 감칠맛이 좋아진다.**

⊛ **데치기**는 끓이기보다 **시간 짧게!**

1% 소금 첨가 - 뭉개짐 방지, 채소가 연해짐

　　　 - **고유의 색을 유지, 색을 더 좋게 함**

　　　 - **효소작용 억제, 미생물 번식 억제**

⊛ **튀기기** - 높은 열량 공급,

수용성 영양소 손실이 가장 적은 조리법

⊛ 건열조리 vs 습열조리

물 사용 X - 구이류, 볶음류, 튀김류, 부침개

물 사용 ○ - 삶기, 조림, 데치기, 찜, 끓이기(탕류)

주스/맥주	현미발아	술발효	찌개/전골
청량음료 ↑ 빵의 발효 ↑ 우유/밥 ↑ 커피/국/스프

0　10　20　30　40　50　60　70　80　90℃

가장 맛있는 온도

⊛ **조리장 바닥 배수시설**의 물매는 1/100 이상 트랩을 설치하여 하수도 악취를 방지하는데 **찌꺼기가 많은 경우는 수조형 트랩** (S형 트랩은 곡선형)

수조형 트랩　　　S형 트랩

◈ 작업대 흐름 순서

식재료 구매 검수 → 전처리 → 조리 → 장식배식 → 식기세척, 수납

· **조리대의 배치**는 오른손잡이 기준 **좌에서 우로!**

· 식기와 조리용구의 **세정장소와 보관장소는 가까이** 한다. (동선 절약)

◈ **1인 1식을** 제공하는데 사용하는 **물의 양 가장 많은 곳은 병원**

학교 4~6L < 사업체 5~10L < 기숙사 7~15L < 병원 10~20L

◈ **주방의 바닥은 산, 알칼리, 열에 모두 강해야** 하고, **고무타일, 합성수지타일** 등 잘 미끄러지지 않아 적합

◈ **숫돌(입자 크기 단위(입도) #)**

·400# **칼날이 두껍고 이가 많이 빠진 칼**

·1,000# **일반적인 칼갈이 입도**

·4,000# 이상 **윤기, 광나게 마무리**

◈ 온도계 종류

· 봉상 액체온도계 **(기름이나 당액 등 액체의 온도 측정, 200~300℃ 범위)**

· 적외선 온도계 (비접촉식 표면온도 측정)

· 육류용 온도계 (육류 내부온도 측정)

◈ **조리장 신축** 시 고려요소 순서

암기TIP! **위능경(위생, 능률, 경제성)**

◈ **급식시설 주방면적**은 **식단과 조리인원, 조리기기**에 따라 산출한다. (피급식 대상의 호불호 X)

◈ 칼의 종류

· **아시아형(Low tip)** - 칼날 길이 **18cm** 정도, 칼등 곡선, 칼날 직선, **채썰기나 동양요리**에 적합

· **서구형(Center tip)** - 칼날 길이 **20cm** 정도, 칼등·칼날 곡선, 힘들지 않으며 자르기에 적합, 부엌칼, 회칼

아시아형   서구형

◈ **1컵 = 약 13큰술(Ts) = 200ml**

(우리나라, 미국은 240ml)

◈ **버터, 마가린 (고체)**

실온에서 부드럽게 하여 계량컵에 눌러 담은 후 윗면을 직선으로 된 칼로 깎아 계량

◈ **밀가루, 설탕 (가루)**

계량컵에 체로 쳐서 **수북하게 담아** 주걱으로 깎아 계량

◈ **쌀, 팥, 깨, 통후추 (알갱이)**

가득 담아 살짝 흔들어 공간 메운 뒤 평면되게 깎아서 계량

◈ **고추장, 된장 (농도 걸쭉)**

꾹꾹 눌러 담아 **평평한 것으로 밀어** 평면되도록 깎아서 계량

◈ **고구마 가열** 시 단맛이 증가하는 이유는 **β-amlase[베타-아밀라아제]가** 활성화 되기 때문

◈ **식혜는 50~60℃가** 유지되어야 **효소반응으로 밥알이 뜨기 시작!**

◈ **전분의 호정화** : 전분에 물을 가하지 않고 **160℃ 이상**으로 가열! 가용성 전분을 거쳐 **덱스트린(호정)**으로 변화

　　예 누룽지, 토스트, 미숫가루, 뻥튀기, 보리차, 팝콘 등

◈ 발연점이 높은 식물성 기름이 **튀김**에 적합

　　예 콩기름, 대두유, 포도씨유, 옥수수유

◈ **소고기 해동** 시 **DRIP(육즙)**이 많이 발생
　　- **단백질 변성**과 관련

◈ **시니그린**(겨자의 매운맛 성분)

　　40~45℃에서 **가장 매운맛**이 난다.

◈ 생선묵의 **점탄성**을 부여하는 것은 **전분!**

◈ 우리나라 **3첩 반상**

　　냉채, 숙채, 구이 or 조림 중 택 1 (밥, 국, 김치, 장류, 찌개, 전골, 찜은 첩 수에 안 들어 감)

◈ **나물** - 생채나 숙채를 두루 일컫는다.
　　- **잡채, 구절판**은 **숙채에 포함**된다.

◈ **궁중에서 찌개**를 **조치**라 부름 　암기 TIP! 　찌개조~치!

　　(국물이 조림보다 많고 찌개보다 적은 것은? 지짐이)

◈ **흰살 생선 - 간장조림**
　　붉은살 생선 또는 비린내 나는 생선 - 고춧가루,고추장 조림

◈ **한양(서울)음식** 특징 - 가짓수 많고 양 적다,
　　설렁탕, 곰탕 유명, 사치스럽고 화려하다.

◈ 매달(다달이) 먹는 명절음식 - **절식**

　　정월대보름 - 오곡밥, 묵은나물, 나박김치, 귀밝이술, 부럼

◈ **소머리 우족 장시간 고아서 응고**시켰다.

　　　　　　　　　　족편 (편육 X)

◈ **새벽에 일어나 처음 먹는** 식사, 미음, 죽 등 유동식 중심

　　　　　　　　　　초조반상

◈ **밥을 주식**으로 차린 상차림

　　　　　　　　　　반상

　　쟁첩에 담은 반찬수에 따라 3, 5(평일), 7, 9, 12첩 반상

◈ **김치를 담는 그릇 - 보시기**

　　찌개를 담는 그릇 - 조치보

　　간장, 초장 담는 그릇 - 종지

◈ **육수에 쓰는 부재료**

　　대파뿌리, 무, 고추씨, 마늘, 양파, 표고
　　(산초 X)

◈ **토장국, 육개장, 미역국**은 **소고기 육수**를 쓴다. ○
　　(해물탕 X)

◈ **담음새의 요소**

　　색감, 형태, 담는 방법과 양 (재료 X)

◈ **음식을 담을 때 중요한 것은?**

　　· 식사하는 사람의 **편리성**

　　· **접시의 크기**

　　· **재료들의 위치와 크기**

　　· **외관이 중요**하다.

　　(but 재료의 색깔 X)

❀ **전처리**를 통해

당일조리 가능, 음식물쓰레기 감소, 업무효율 증가

but 위생측면의 위해 요소에 노출되기 쉽다. ○

❀ 광택은 덜하나 손질이 간편, 값이 저렴하여 최근 가장 많이 사용하는 재질은?

스테인리스 스틸

❀ **장아찌, 젓갈**은 식기의 50%만 담고 **국, 찜, 구이, 나물**은 식기의 70%를 담는다. **전골, 찌개, 탕**은 식기의 70~80% 담는 것이 보기 좋다.

❀ **전통 식기 용어**

· 남성용 밥그릇은 **주발**

· 여성용 밥그릇은 **바리**

· 면, 국수류를 담는 **대접**

· 떡국, 약식, 면 담는 **조반기**

❀ **오메기떡, 전복죽** - 제주도

❀ **고명의 색**

· 붉은색 - 건고추, 실고추, 대추, 당근

· 노란색 - 달걀 노른자, 황화채

· 흰색 - 흰깨, 흰자, 밤, 잣, 호두

· 초록색 - 미나리, 풋고추, 쑥, 실파, 호박

· 검정색 - 표고, 석이버섯

❀ 떡의 분류

· 찌는 떡 - 백설기, 증편, 송편

· **삶는 떡** - **경단**

· 지지는 떡 - **화전**

❀ 행사 음식

· 백일상 - 백설기

· 돌상 - 떡, 국수

· 폐백상 - 육포, 술, 갱

· 제사상 - 전, 나물, 건과, 술

❀ **한국음식의 특징**

· 주식과 부식의 구분이 뚜렷하다.

· 농경사회를 기반으로 곡물음식이 발달

· 음식 종류와 조리법이 다양, 향신료 많이 사용

· 좋은 음식은 약과 같다는 〈약식동원〉의 사상 중요시함

❀ **익히지 않은 재료**를 **꼬치에 끼워 구운 것** - **산적**

❀ **양념하여 익힌 다음** 꼬치에 끼운 것 또는 꼬치에 끼워 전을 부치듯 옷을 입혀 지진 것

누름적 / 누르미

❀ **전유어, 전** - 기름을 두르고 지지는 조리법

❀ **지짐** - 재료들과 밀가루 물을 섞어 기름에 지져내는 음식

❀ **유장**(기름장)의 **간장과 참기름** 비율은 **1 : 3**

❀ **칼을 놓을 때** 칼날의 방향은 **몸의 반대쪽**으로 한다.

❀ **평균수명**에서 질병이나 부상으로 인해 **활동을 못한 기간을 뺀** 수명이 **건강수명**

❀ 방앗잎과 산초의 독특한 향을 즐긴다. - **경상도**

❀ 식품공전 상 표준온도는? **20℃**

❀ **식품공전이란?**

식품위생법에 따라 식품 의약품 안전처장이 **식품 위생법에서 정하고 있는 표시 기준**을 수록한 공정서

기출 스피드 암기노트

❋ 전류

- 생선전은 **비린내 나는 껍질 표면을 제거**하여 조리하기 때문에 **비린내(어취) 해소에 좋은 조리법**이다.
- 영양가가 좋으며 전골에 넣어 다양하게 즐길 수 있다.
- **전류 반죽 시 주의사항**
  - ▶ **너무 묽을 경우** 밀가루 / 쌀가루 / 찹쌀가루 사용
  - ▶ **도톰하게, 부드럽게, 흰색 빛깔** 필요시 달걀흰자 + 전분 사용
  - ▶ **점성을 높여 성형이 쉽도록** 하려면 달걀 + 밀가루 / 쌀가루 / 찹쌀가루

❋ 산적 - 날재료를 양념하여 꼬치에 끼워 굽는다. (익힌 재료 X) 다진 고기로 **반대기**를 만들어 **석쇠로 구운 섭산적 포함**

❋ 누름적 - 굽지 않고 밀가루 계란물을 입혀 번철에 기름을 두르고 지져서 익힌다.

(김치적, 두릅적, 지짐 누름적)

❋ 채소의 신선도 구별

- **고추류** : 색이 진하고, 윤기나고, 꼭지가 시들지 않은 것
- **당근** : 표면 매끈, 단단하고 곧은 것, 검은 테두리 작고 꼬리 통통, 선홍색
- **오이류** : 육질이 단단하고 꼭지가 마르지 않고, 굵기가 일정할 것. 속씨가 적고, 선명한 색깔, 시든 꽃이 붙어있는 것
- **콩나물** : 노란색 머리가 통통하고 줄기는 너무 길지 않은 것(7~8cm가 적당)

❋ 무의 종류와 선별법

- **조선무** : 흠집이 없고, 뿌리부와 무청은 푸른색. 잘랐을 때 육질이 단단하고 치밀한 것
- **동치미무** : 조선무보다 작고 동그랗게 생김
- **초롱무** : 매운맛이 적고 흠집이 없고 싱싱하고 억세지 않은 것
- **알타리무** : 허리가 잘록하며 너무 크지 않고, 잎에 흠집이 없고 억세지 않은 것

❋ 채소의 가식부위 분류

- **잎채소** : 상추, 양상추, 배추, 양배추, 시금치, 미나리, 갓, 쑥갓, 셀러리, 케일
- **줄기채소** : 파, 부추, 죽순, 아스파라거스
- **열매채소** : 오이, 고추, 피망, 가지, 수박, 호박, 토마토, 참외, 딸기
- **꽃채소** : 브로컬리, 컬리플라워
- **뿌리채소** : 지하부 가식, 무, 당근, 양파, 마늘, 생강, 도라지, 더덕, 연근, 우엉, 콜라비, 비트

❋ 생채로 조리 시에는

- 자연의 색감과 향을 느낄 수 있고, 영양소와 비타민 손실이 적다.
- 아삭한 식감을 느낄 수 있도록 물이 생기지 않게 조리한다.

(But 식감이 부드럽고 양념과 맛 성분이 잘 베어든다 X)

❀ 숙채란?

물에 데치거나 기름에 볶은 나물(잡채, 탕평채, 월과채는 숙채이다, 어채 X)

- **습열조리** : 끓이기 / 삶기 / 찌기
- **건열조리** : 볶기(지용성 비타민 흡수, 영양 손실 적음)
- **끓는 물에 데쳐서 무침** :
  콩나물, 숙주나물, 시금치나물
- **소금에 절인 후 기름에 볶아서 익힘** :
  호박, 도라지나물, 오이나물
- **끓는 물에 소금 약간 넣고 데쳐 찬물로 헹굼** :
  시금치, 쑥갓

❀ 숙채 재료들

- **무** : 껍질째 조리하는 것이 좋음(비타민 풍부, 뇌졸중 예방)
  - **소화 촉진, 해독작용하는 디아스타제 풍부**
- **쑥갓** : **두부, 셀러리, 씀바귀, 솔잎과 음식 궁합 좋음**(표고버섯 X), 데쳐도 영양소 손실이 적고 위장 보온, 심장기능 강화, 동초채라 불림
- **시금치** : 결석이 우려될 시 **뚜껑을 열고 데쳐서 수산성분을 없앤다.** 또는 **참깨와 함께 섭취**하여 **수산성분을 없앤다.**
- **고사리** : 어린순을 말려 식용으로, 뿌리(궐근)는 **두통, 해열, 해독작용**

❀ 볶음조리 : 참기름과 들기름

- **참기름** : **리그난 함유**(산패 방지기능) 4℃ 이하 보관 시 굳는다. 직사광선을 피해 **상온 보관**
- **들기름** : **Omega3 지방산 (리그난 X) 다량 함유, 공기 노출 시 산패, 냉장 보관**

❀ 볶음조리 시에는

- **바닥이 넓은 냄비, 크고 두꺼운 팬** 사용
- 높은 온도에서 빠르게 볶는다.
  (낮은 온도 시 기름 흡수량 多)
- 채소를 볶을 때 **기름은 조금만** 두른다.
  (많으면 누래짐)
- **당근, 오이**는 소금에 절이지 말고 **볶으면서 소금 추가**
- **마른 표고**는 **물 조금 넣고 볶음**
- **부재료 채소**는 연기날 정도 센 불에 볶음

❀ 너비아니

- 궁중음식으로 **소고기를 얇게 저민 뒤 양념**하여 구운 것(불고기)
- 소고기 **결 반대방향으로 썬다**(결방향은 질김), 숯불에 굽는 것이 풍미 최고!
- **중불 이상의 화력**으로 굽는다, 불이 약하면 육즙이 흘러나와 퍽퍽해진다.

❀ 아크롤레인(아크릴알데히드)

구이 시 **지방이 불 위에 떨어져** 발생하는 연기 중 **발암 성분**

❀ 방자구이(소금구이) 춘향전

상전을 기다리면서 밖에서 고기 한 조각을 **양념도 하지 않고 즉석에서 구워** 먹은 데서 유래된 것

❀ 간장양념에 어울리는 구이류

- 소갈비구이, 소고기장포육, 낙지호롱
- 염통구이, 닭구이, 꿩구이, 삼치,도미구이

❈ 고추장 양념에 어울리는 구이류

더덕구이, 오징어, 장어구이, 제육구이(돼지고기)

❈ 구이조리(건열조리)는 가장 오래된 조리법이다.

(수용성 성분의 용출이 많다 X)

❈ 구이의 종류

직접조리법(Broiling, 직화)

· 열원을 위에서 내려 굽는 방법
· 복사열 + 대류에너지로 직화
· 열원과 식품과의 거리 8~10cm

간접조리법(grilling, 석쇠)

· 석쇠 아래쪽에 전도열로 굽는 방법
· 석쇠가 아주 뜨거워야 달라붙지 않음
· 곡류같이 직접구이 불가한 것 조리 가능

❈ 구이조리 전 연화방법

① 소금(염) 첨가 : 식염 농도 1.2~1.5%
② 설탕 첨가 : 단백질 응고 지연시켜 연화작용
③ 연육제(단백질 분해 효소) 첨가
· 파파야(파파인), 파인애플(브로멜린)
· 무화과(피신), 키위(엑티니딘), 배, 생강(프로테아제)
④ 수소이온농도 조절
· 등전점(ph5~6)보다 높거나 낮게 하여 보수성 향상
· 젖산 생성 촉진 or 인위적 산 첨가
⑤ 기타 : 만육기나 칼등으로 두드려 근섬유조직을 끊어 연하게 하고, **육류 결의 반대방향으로 썬다.**

❈ X 없는 O/X 퀴즈

· **구이 양념은 30분 정도** 재워두는 것이 좋다. O
· **소고기 내부 온도는 65℃ 전후**가 가장 맛이 좋다. O
· **고추장 양념은 3일 정도 전**에 미리 만들어 숙성시켜 쓴다. O
· **설탕과 향신료는 먼저, 간은 나중에** 한다. O
· **팬을 충분히 달군 후** 식재료를 놓아야 수분이 빠져나가지 않는다. O
· 생선구이 시 **트리메틸아민 등 비린내 성분**은 구우면 휘발되어 풍미가 좋아진다. O

❈ 소고기의 사태 부위는 찌개에 주로 사용한다.

❈ 감정이란, 고추장으로 조미한 찌개를 일컫는다.

❈ 두부젓 국찌개, 명란젓 국찌개, 굴두부찌개 등은 맑은 찌개

❈ 생선찌개, 호박감정, 게감정은 고추장찌개이다.

❈ 끓이기 조리 시에는

· 영양소 손실이 많다.
· **콜라겐의 젤라틴화**가 일어난다.
· **단백질 응고 및 전분의 호화**가 일어난다.

❈ 미나리강회

· 잘게 썬 편육이나 제육에 데친 **미나리 줄기로매듭을 감아서** 술안주나 반찬으로 먹는다.
· **편육은 뜨거울 때** 면포로 싸서 네모로 모양을 잡는다.
· 미나리는 소금 약간 넣고 **데친 후 찬물**에 헹군다!
· 고기의 익힘 정도는 꼬챙이로 찔러 핏물이 나오지 않아야 익은 것이다.

❀ 조림 조리법

· 옛날에 궁중에서 〈조림〉을 **조리니, 조리개**로 불렀다.

· 소고기를 간장에 졸이면 **수분활성도가 저하**되고, **당도가 상승**하여, **소금(염)절임 효과**가 나타난다.

· 소고기 장조림은 냉장 시 한달간 보관해도 안전하다 X (→ 10일 정도 안전성 ○)

❀ 홍합(담채, 붉은 살이 암컷, 흰 살이 수컷)

· 비타민 A(소고기 10배) 및 타우린 풍부

· 콜레스테롤을 낮추고 간 기능을 강화

· 유해산소 제거, 노화 방지

❀ 〈초〉란?

· **습열조리법**으로 주로 **달게 간을 하여 윤기나게 졸이는 것**

· 남은 **국물양 10% 이내**, 양념은 되도록 적게,모양은 일정하게 썬다.

· **삼합초, 홍합초, 전복초** 등 주재료에 따라 명명, 조미 순서 설소간식!

❀ 홍합초

· **냉동 홍합은 물에 씻어 바로 사용**하고, **말린 홍합은 30분 불려서 데친 후 사용** 시 쫄깃한 식감이 살아난다. 오래 **끓이지 않는다.**

· 데칠 때 **소금을 많이 넣지 말고 파, 마늘, 생강 넣고 졸인 다음 홍합** 투입, **중불에서 양념장을 끼얹어 은근히 졸인다.**

❀ 장조림

· 소고기는 **사태, 우둔살, 홍두깨살 / 닭가슴살 / 돼지 뒷다리** 등을 사용한다.

· **냉장고 보관** 시 국물과 함께 보관한다.

· **장기간 보관** 시 상하기 쉬운 부재료는 넣지 않는다. (소고기만 사용)

· 장조림의 **당도는 30Brix, 염도는 5% 정도**가 좋다.

· **꽈리고추**는 색이 유지되도록 **맨 나중에** 넣는데 양념이 배도록 **이쑤시개 등으로 살짝 구멍을 내어** 졸인다.

· **누린내 제거**를 위해 고기를 삶을 때 **파, 양파, 생강, 마늘** 등을 넣는다.

스피드 암기노트

교육컨텐츠 기업 (주) 엔제이인사이트

파이팅혼공TV 컨텐츠 개발팀

약력 및 경력

고려대학교 졸업

교육컨텐츠 기업 (주) 엔제이인사이트 대표이사

자격증 전문 유튜브채널 〈파이팅혼공TV〉 운영자

저 서

파이팅혼공TV 위험물기능사 실기 초단기합격

파이팅혼공TV 위험물기능사 필기 초단기합격

파이팅혼공TV 위험물산업기사 실기 초단기합격

파이팅혼공TV 위험물산업기사 필기 초단기합격

파이팅혼공TV 전기기능사 필기 초단기합격

파이팅혼공TV 조경기능사 필기 초단기합격

파이팅혼공TV 산림기능사 필기 초단기합격

파이팅혼공TV 지게차 운전기능사 필기 한방에 정리

파이팅혼공TV 굴착기 운전기능사 필기 한방에 정리

파이팅혼공TV 한식조리기능사 필기 한방에 정리

파이팅 혼공TV
저자 직강 무료 강의